写给孩子的简明世界史

当代史

鞠长猛◎主编　鞠长猛　曹培华◎著

山西出版传媒集团　山西人民出版社

时代背景
SHI DAI BEI JING

历史事件
LI SHI SHI JIAN

007

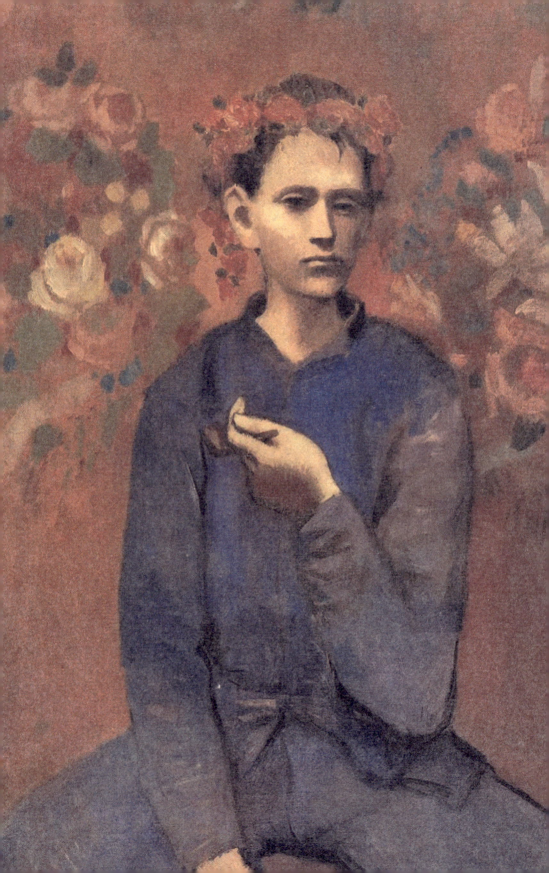

时代背景

SHI

DAI

BEI

JING

全球化时代的来临

从 1945 年第二次世界大战结束，就进入了世界当代史，它是不断向前延续的，与我们当今的世界局势、社会现实有着千丝万缕的联系。在当代史发展中，我们看到了国家与国家之间、人与人之间的交流与往来比以往任何一个历史时代都要频繁。借助于现代化的交通、通信、网络技术，世界越来越像一个"地球村"。发生在各地的事件，都可能毫无延迟地在世界各个地区现场直播，让我们不禁感慨人类历史就像一个整体一样，不分彼此。

在难得的和平环境之中，世界经历了一段令人惊叹的快速发展时期。东方的日本在战后进行了民主化改革，换来了经济的高速发展。"亚洲四小龙"在外向型经济的强大驱动下，现代化建筑拔地而起，大型企业突飞猛进。欧洲国家在美国和苏联冷战夹缝中选择抱团取暖，用同一个声音说话，用同一种行动对事，让欧洲越来越像一个国家，这加速了欧洲的一体化进程。非洲和大洋洲各国家的民族意识觉醒，纷纷独立，他们通过不结盟运动等，日益彰显自己在世界体系中的地位，成为制衡欧美大国的一个重要因素。

不过，世界当代史中也有很多不和谐因素。在丘吉尔发表了著名

▲毕加索《和平鸽》，这幅作品于 1949 年在巴黎的世界保卫和平大会上展出

的"铁幕演说"后，美苏冷战拉开序幕，一直持续到1991年苏联解体。冷战时期，国际局势多次非常紧张，特别是1962年的古巴导弹危机中，美苏差点按动核按钮，发动一场足够带来世界末日的核战争。即便两个国家未直接爆发战争，他们也扶持小国家进行对抗，比如三次中东战争中就充满了美国和苏联忙碌的身影。此外，英国和阿根廷为了争夺马岛（英国称福克兰群岛）在南大西洋上大打出手，完成了一场军事家们津津乐道的现代化海战。印度和巴基斯坦也为了争夺克什米尔地区战事不断，严重影响了各自经济和社会的发展进程。在各个国家之中，人们的权利意识也日益增强，马丁·路德·金发表的《我有一个梦想》演讲，像夜空中的闪电一样，击穿了美国种族主义的阴云，让黑人的地位空前提高。

历史是人类活动的产物，同时历史发展本质上也是为人服务的。在当代史中，人们的活动空间更大也更广。原子能、电子计算机、空间技术、微电子技术、生物技术、新材料、新能源的应用，推动了人类的新技术革命。这是从石器到金属工具，从手工工具到大机器操作之后，人类生产工具的第三次飞跃。过去的机器是人类手臂的延长，能部分取代体力劳动。而电子计算机能代替人的部分脑力劳动，它将会推动生产的自动化，将使人们摆脱繁重的、危险的和部分复杂的工作，从而为人类智力解放开辟新道路。另外，人们享受着更好的社会福利、更高的收入和更休闲的生活，第三产业开始蓬勃发展。富裕的人们有了更强的愿望去旅游，去欣赏艺术作品，去观看体育比赛，丰富自己的业余生活，提高自己的生活品位。

总之，思考世界当代史，就是思考人们追求和平的历史。感悟世界当代史，也是感悟人类探索发展之路的历史。体会世界当代史，也是体会民众追求美好生活、实现自我完善的历史。世界当代史，值得我们好好研究。

历史事件

LI

SHI

SHI

JIAN

铁幕缓缓落下

"冷战"这个词，大家应该不陌生。在现实生活中，如果与朋友发生矛盾没有积极解决而不理睬对方，我们常称为生活中的冷战。在世界当代史上，也发生过美苏两国之间的冷战。两个超级大国采取诸多措施来攻击对方，包括诋毁对方的政治和经济制度、进行外交对抗、开展军备竞赛、实施封锁禁运、组建军事集团、发动代理人战争等。原本美苏两国在反法西斯战争中并肩作战，何以在战后变成了对峙的敌人？这就需要了解冷战爆发的原因。

第二次世界大战结束前夕，美、苏、英等国在雅尔塔会议上商讨战后新秩序。三巨头通过一系列协议、宣言、和约，建立起雅尔塔体系。这一体系虽然保证了战后世界格局的基本稳定，但却隐藏着众多内部矛盾，特别是美国与苏联之间的矛盾。

美苏之间的矛盾最早可以追溯到一战时期。一战期间，俄国爆发十月革命，在列宁和布尔什维克党的领导下，俄国人民推翻了沙皇专制统治和资产阶级政府，建立起一种全新的社会主义制度。日益强大的美国非常不希望出现一个强大的"劲敌"，于是，美国总统威尔逊在1918年1月8日提出"十四点"原则，要求"抵消苏俄的布尔什维克主义影响"。在随后召开的巴黎和会上，主要战胜国在利益争夺方面钩心斗角、尔虞我诈，但在"对付社会主义苏俄"方面却很快达成了共识：孤立苏俄，控制德国，防止德国走向社会主义道路。

二战期间，美苏两国有共同的敌人德国和日本，他们短暂地团结起来。但战争结束后，美国与苏联之间的关系迅速发生变化。一山不容二虎，美国已经拥有了世界上最强大的经济和军事实力，它的雄心是称霸世界。苏联在反法西斯战争

▲威尔逊

中做出巨大贡献，国际威望大大提高，足以与美国抗衡。

此外，价值观的差异也让两国越走越远。众所周知，美苏两国的社会制度完全不同。美国以自己的资本主义制度为荣，热衷于向全世界推广其价值观。而苏联坚持社会主义制度，不断向世界展示其发展工业化和现代国防方面的巨大优势。道不同，不相为谋。美苏已经形成了竞争关系，无法调和，双方均将对方看作自己的主要敌人。

最后，美苏两国在"势力范围"上存在重叠。苏联在二战之后冲出重围，帮助东欧各国建立起社会主义制度，形成了以苏联为首的社会主义阵营。而美国在一战时就有称霸全球的野心，力图将美国制度推广到全世界，却遇到了苏联及社会主义制度的"干扰"。战后，西欧经济衰退、物资紧缺、生活困难，意大利、法国等国家的共产党开

始在议会中发挥重要作用，一些共产党人甚至还出任了内阁部长。美国担心这些西欧国家的共产党掌握国家政权，甚至受到苏联影响发生革命，走上社会主义道路。与此同时，广大的亚非拉国家掀起了民族独立和民族解放运动，对欧美的殖民主义造成了强烈冲击，而这背后或多或少都与苏联有关。凡此种种，加大了美国推行反共反苏政策、遏制苏联和国际共产主义运动的力度。

美苏两国因为上述各方面严重的猜疑和不信任，不断夸大对方对自己的威胁，这也加剧了两国的冲突与对抗。

二战结束初期，苏联在处理与土耳其和伊朗关系上犯了民族利己主义和大国沙文主义错误，与两国结下了梁子。刚好美国在中东地区的政策就是把苏联的势力赶出该地区。于是，美国趁机加紧对土耳其和伊朗的影响与控制，形成了围堵苏联之势。

1946年1月5日，美国总统杜鲁门发表了全面遏制苏联和"共产主义扩张"的强硬讲话，激起苏联的强烈反应。2月9日，斯大林针锋相对，对资本主义制度提出严厉批评："苏维埃社会制度比非苏维埃社会制度更有生命力、更稳固，苏维埃社会制度是比任何一种非苏维埃社会制度更优越的社会组织形式。"斯大林的讲话在西方世界引起不小的波澜，杜鲁门立即指示美驻苏大使馆进行调查。1946年2月22日，美驻苏大使馆临时代办乔治·凯南发回一封夸大事实、要求遏制苏联的长电报，成为美国发动冷战政策的重要文件之一。

1946年3月5日，英国前首相丘吉尔访问美国，他在杜鲁门的母校威斯敏斯特学院发表了"和平砥柱"的演讲，捅破了美苏两国争霸

▲温斯顿·丘吉尔

的"最后一层窗户纸"。丘吉尔站在演讲台上,激情地讲道:从波罗的海到亚得里亚海,一道横贯欧洲大陆的铁幕已经拉下。这张铁幕后面坐落着所有中欧、东欧古老国家,他们全都位于苏联势力范围之内,越来越强烈地受到莫斯科的控制。美国正高踞于世界权力的顶峰,应担负起未来的责任,不能对苏联的扩张采取"绥靖政策"。英、美应结成同盟,制止苏联的"侵略"。讲台下的美国总统杜鲁门笑而不语,丘吉尔说出了他想说而又不敢说的话。远在大洋彼岸的斯大林很快知道了演讲内容,很不客气地嘲讽丘吉尔的演讲很像希特勒。

1947 年 3 月 12 日,杜鲁门总统在国会上宣读了一篇国情咨文,要

▲杜鲁门

求美国援助"受到共产主义威胁的希腊和土耳其",并公开宣称,美国要在世界一切地方与苏联和共产主义对抗。这篇反苏、反共"杜鲁门主义"的国情咨文,是美国外交政策的转折点,也是对苏联进行冷战的重要标志。美国遏制苏联政策的公开化,也使美苏之间从此进入冷战时期。

东西之间的对峙

　　第二次世界大战中，美国的政治、经济、军事等实力都在快速膨胀，很快发展成为世界头号强国。苏联虽然在战争中遭受到巨大损失，但凭借强大的工业和军事实力，也发展成为盘踞在东欧和东北亚的重要国家，国际地位仅次于美国。两国为了对抗法西斯主义和军国主义，曾经放下意识形态上的偏见，同仇敌忾，奋勇杀敌，成就了人类战争史上的一段佳话。然而，二战结束之后，两国的竞争与敌视越来越严重，最终分化为两大阵营：资本主义阵营和社会主义阵营。

　　1949 年 4 月 4 日，美国、加拿大、英国、法国、意大利、荷兰、比利时、卢森堡、葡萄牙、丹麦、挪威和冰岛在华盛顿签署了《北大西洋公约》，正式成立北约组织。后来，希腊、土耳其、联邦德国和西班牙也陆续加入。他们组成了冷战中的资本主义阵营。1955 年 5 月 14 日，苏联、民主德国、波兰、捷克斯洛伐克、匈牙利、罗马尼亚、保加利亚、阿尔巴尼亚等国在华沙签订了《华沙条约》，正式组成了社会主义阵营。

　　为了遏制苏联，实现称霸世界的目标，以美国为代表的"资本主义阵营"频频发难。他们从政治、经济、军事三方面采取各种行动，对苏联实行政治上的孤立、经济上的封锁和军事上的包围。

▲杜鲁门签署"马歇尔计划"

　　冷战初期，两大阵营厉兵秣马，在多个方面搞竞争。政治方面，美国推行"杜鲁门主义"，援助弱小国家镇压人民起义，防止苏联势力介入。经济方面，推行"马歇尔计划"，为西欧各国提供经济援助，借机控制欧洲的经济。军事方面，成立北约组织，与苏联进行对抗。三项措施有一个共同的目的：压制共产主义的发展，从政治和经济上取得控制西欧的主导权。特别是北约组织，完全由美国领导和控制。通过该组织，美国牢牢地将西欧防务掌握在自己手里，确立了美国在

▲斯大林

欧洲的霸主地位。

　　针对美国的政策，斯大林寸步不让，也采取了相应对策。苏联在华约组织中大力恢复和发展经济，加强国家防御能力。由于华约组织国家相对落后，因此他们优先发展重工业，尤其突出国防工业的建设，不断加强国防力量，扩大军队规模，更新武器装备，改组作战指挥系统，使整个军队装备和素质大大提高。面对北约持续不断的军事压力，苏联不仅在东欧地区建立"安全带"，也在远东谋求各种权益，加强

其在东方的纵深防御。此外，为了恢复经济和监视东欧各国，苏联也制订了类似于"马歇尔计划"的"莫洛托夫计划"。

两大阵营对峙的焦点在德国。美英法占领了德国西部，苏联占领了德国东部地区。首都柏林虽然处在苏占区，但也被人为分成了两部分，城市西部被美英法控制，城市东部被苏联控制。资本主义阵营率先发难，他们1948年在占领区实行"币制改革"。苏联随即宣布在东占区和柏林区发行新货币，由此形成战后第一次美苏冷战高潮——柏林危机。苏联封锁了柏林，切断一切水陆交通。美国不甘示弱，动用大批飞机为"孤岛"一般的西柏林地区运送各种物资。危机持续近一年才宣告结束，美国在此期间共运输货物211万吨，基本满足了城市中250万人的生活需要。之后，美国加快了分裂德国的步伐，成立了德意志联邦共和国（简称联邦德国）。同时，苏占区也成立了德意志民主共和国（简称民主德国）。至此，德国正式分为两个国家。联邦德国加入北大西洋公约组织，民主德国加入华沙条约组织。

从20世纪50年代末到60年代，冷战仍在持续，但是双方的政策有了相当大的变化。这一时期两大阵营的对峙既有缓和又有争夺，优势在美国一方。双方关系仍然剑拔弩张，苏联的赫鲁晓夫自知技不如人，主动降低姿态，试图以缓和的姿态处理同资本主义阵营的关系。

1961年，出现了民主德国人进入西柏林的高潮，局面紧张加剧。民主德国部队封锁西柏林四周并筑起柏林墙。西方强烈抗议，双方都加紧备战活动，进行军事演习，形成了第二次柏林危机。但为了避免发生直接军事冲突，双方都在寻求外交途径缓解紧张局势。1961年10

▲ 赫鲁晓夫

月 17 日，赫鲁晓夫放弃对德和约签订的最后期限，第二次柏林危机基本结束。

为了扳回一局，1962 年，苏联向古巴运送导弹，企图在古巴建立导弹发射场，却被美国侦察机发现。美国总统肯尼迪下令对古巴实行军事封锁，并进行战争威胁，苏联被迫撤走导弹，危机才宣告平息。这一事件，表明苏联开始走上同美国进行全球争夺的道路，同时也表明当时的战略优势仍在美国方面。

▲肯尼迪

　　到了 20 世纪 70 年代，苏联的国力不断上升，足以同美国平起平坐，甚至一度占有很大优势。苏联摆出战略进攻态势，对美国造成很大压力。美国处在守势，为了稳住战略阵脚，偶尔也会以攻为守。为了扭转颓势，美国开始调整战略，甩掉越南战争的包袱，恢复与新中国的关系。苏联则四处出击，成为第三世界国家反对霸权主义的靶子，背上了侵略者的罪名，陷进了难以解脱的困境。

　　两大阵营为了减少军事冲突，首脑频繁互访，达成限制战略武器的协议。经过多次会晤，美苏两国共签订了 100 多项条约、协定，制定了指导两国关系的基本原则。

20世纪80年代，两大阵营的关系从激烈抗争迅速走向缓和。这十年中，苏联在不断走下坡路，甚至进入困难时期。美国扭转了守势，不断逼迫苏联在各领域让步，双方关系也进入了全面和解的新时期。

1989年是美苏关系急剧变化和转折的一年。这一年苏联、东欧形势急转直下，给美国带来了"和平演变"的历史性机遇，美苏关系很快发生了根本性的转变。1989年，民主德国政府宣布放开东西柏林边界，拆除"柏林墙"。第二年10月，民主德国并入联邦德国，实现了两德的统一。1991年12月26日，苏联难以继续支撑，宣布解体。冷战从此结束。

冷战给美苏双方以及东西方国家带来了长期的对峙和对抗，阻碍了全球一体化发展，但在冷战大环境下，美苏双方势均力敌，都在极力避免战争，所以在近半个世纪里，世界上没有发生新的大规模战争。面对两大阵营对峙的局面，亚非拉的发展中国家为了降低政治风险，组成不结盟运动，逐步发展壮大，后来成为一支重要的国际力量：第三世界。

祛除贪婪的狼性

　　日本军国主义在第二次世界大战中犯下了滔天罪行，引发了世界上所有爱好和平的国家与民众的反抗。包括中国在内的世界反法西斯力量齐心协力，在战争中给予日本法西斯连番痛击，1945年8月15日，日本终于宣布无条件投降。当天中午，日本昭和天皇在广播中播放了投降书，第二次世界大战宣告结束。

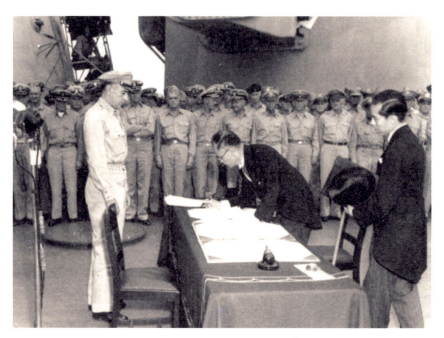

▲日本投降签字现场

　　虽然日本无条件投降，但军国主义带给世界人民史无前例的灾难绝不会一笔勾销。反法西斯同盟认为：必须把日本法西斯主义和军国主义的毒株连根拔起，对日本社会进行一次清洗，以长久地维护世界和平。因此，对日本的民主化改革由此拉开序幕。

　　美国在日本的民主化改革中无疑占据了绝对话语权。早在日本刚投降时，美军为了赢得控制日本的主动权，便在远东陆军总司令麦克阿瑟的带领下迅速行动，很快占领了日本的大部分地区。苏联军队反应稍慢，只能仓促占领日本的齿舞岛、色丹岛、国后岛和择捉岛，并

▲哈里·杜鲁门在白宫办公室宣布日本投降，二战结束

没有深入日本本土。因此，当苏联提出改造日本社会的意见后，美国凭借控制权上的优势不予理会，持续向日本增加兵力部署，最终以强大的军队威慑力为后盾，实施了一套按照美国价值观打造的政治和社会规划改造方案。

美国首先要改造的对象便是臭名昭著的日本"皇军"。在日本刚投降时，日本军队还有 710 万人，而美军在日本本土只有区区 46 万。为了防止日本军人滋生事端，美国迅速解除了所有日军的武装，要求他们立即复员，返回家乡；同时，废除日本所有的军事法令，解散所有军事机构，使日本成为一个没有军队的国家。根据远东国际军事法庭的指控，美军立即逮捕了东条英机等 108 名战争罪犯。这时，日本已经彻底失去了反抗的能力，就像一只木偶一样，任美国人摆布。

随后，在美国的主导下，日本在 1946 年 11 月 3 日颁布了由驻日美军主持制定的新《日本国宪法》，以取代日本军国主义政府的《大日本帝国宪法》。新宪法直击要害，打破了日本天皇的神圣性，让他"回归"人间，可谓"擒贼先擒王"。事实上，早在 1946 年 1 月 1 日，美国就逼迫天皇发表了"人间宣言"，否认了自古以来天皇是神的说法。新宪法趁热打铁，明文规定天皇只是"日本国家的象征，是日本国民整体的象征"，不具备任何国家的权力，也没有什么"万世一系""神圣不可侵犯"的崇高地位，最多只能在宪法规定的范围内从事一些"必须由内阁建议和承认"的国事行为。虽然美国破除了天皇的"神圣性"，但他们也认识到天皇对于维护日本国家秩序有利，因此不再追究天皇在二战中犯下的战争罪行。

新宪法大大限制了日本的军事能力，要求日本永远放弃武力威胁或使用武力作为解决国际争端的手段。"不得保留海陆空军及其他战争力量，没有国家的交战权"。这样，日本就成了一只被打掉了獠牙的狼，在铁笼中动弹不得，还随时受到监视。时至今日，日本的军队也只能被称为"自卫队"，与真正军队的地位还相差很多。

为了祛除日本文化中根深蒂固的封建主义、法西斯主义和军国主义因素，新宪法对日本的政治制度和司法制度进行了改造。在美国的监督下，日本确立起立法、司法和行政三权分立的政治体制，树立了议会在权力运行中的核心地位，构建了一套君主立宪体制。三种权力相互制衡，导致国家力量很难"拧成一股绳"，自然很难再具备发动世界大战的能力。

在经济方面，三井、三菱、住友和安田等 15 家大财阀曾经是军国主义的资助人和帮凶。在民主化改革中，他们也统统受到了严厉制裁。1945 年 11 月，上述大财阀的资产全部被冻结，公司被解散。到了 1946 年，财阀企业进行股份制改造，使得封建色彩浓厚的财阀企业成为现代意义上的企业，不再资助日本军队发动侵略战争。

教育的作用同样重要。国家需要什么样的人，就会刻意把民众教育成什么样子。在军国主义中，日本法西斯在学校中使用《教育敕语》，强力向学生灌输"忠君爱国"的思想，把日本年轻人都培养成了军国主义分子。在日本教育体制改革中，美国教育使节团发挥了重要作用。他们把美国"提倡个人价值和尊严，教育和研究自由"的价值观确定为日本的教育方针，实现了由军国主义教育向民主教育的转变，达到

了提高日本国民基本素质、改变传统教育观念的目的。

随着 1950 年朝鲜战争爆发，日本成为美军的重要补给基地，重要性进一步凸显。美国在 1951 年 2 月 9 日与日本签订了《日美安全保障条约》，与日本建立起同盟关系，把日本拉入西方阵营之中，并且在经济上积极帮助日本。

从总体上看，美国对日本的民主化改革基本上是成功的。改革措施使原本充满封建色彩的政治、经济和文化制度变得十分西化。但不得不说，在改造日本的过程中，美国的私心很重。美国深知日本在对抗社会主义阵营上具有十分重要的地位，因此在政治改革方面故意遗留了很多极右翼的、法西斯式的内容，比如保留了天皇制度、靖国神社等等，导致日本国内至今都活跃着很多右翼分子。日本右翼分子否认二战罪行、美化侵略行为，严重伤害了那些遭受过日本军国主义蹂躏的国家和人民的感情，也为世界和地区安全带来了许多不安定的因素。

南亚"火药桶"的形成

　　当今南亚大陆主要有三个大国：印度、巴基斯坦和孟加拉国。他们彼此之间关系复杂，特别是印度和巴基斯坦长期处于敌对状态，针对克什米尔等问题经常发生战争，严重影响了两国的政治和经济发展。其实在1947年南亚人民赢得独立之前，南亚大陆还是统一的，各民族的人们能够和谐相处。英国1947年炮制出"蒙巴顿方案"，彻底激化了这片土地上的宗教和民族矛盾，使南亚成了一个备受世人关注的"火药桶"。

　　18世纪中叶以来，印度沦为英国的殖民地。在英国的统治之下，印度人民备受奴役和蹂躏，生产落后，生活贫困。为了争取民族独立，南亚人民进行了不屈不挠的斗争，工人们举行过大罢工，军人们发动过武装起义，圣雄甘地等人还组织了"非暴力不合作"运动。这些努力虽然都失败了，但南亚人民的民族意识开始觉醒。随着1945年第二次世界大战结束，亚非拉地区掀起了一轮又一轮的独立风暴，他们不再甘心继续受西方列强的殖民和奴役，通过不懈的斗争赢得了解放，纷纷摆脱了殖民统治。印度也不例外，他们继续向英国殖民者发起反抗，英国政客们非常担心局势失控。有的政客甚至在报纸上惊呼：现在的南亚地区就是一艘舱中满载弹药、在大海中着火的船，随时都有

▲蒙巴顿

爆炸的危险。在无奈之下，英国政府只能承诺给予印度独立自主地位。

由于印度地理位置重要、人口众多、资源丰富，一直以来都是大英帝国的生命线，被称为"英国女王皇冠上的宝石"。在巨大的利益面前，英国政客们怎么会心甘情愿灰溜溜地离开印度呢？他们盘算着要制造点事端，让印度陷入民族和宗教纷争之中，从而继续保持自己在南亚地区的影响力。怎样才能达到这个目的呢？英国通过印度总督蒙巴顿实现了自己的政治目的。

1947年3月，蒙巴顿赴印度担任总督。面对此起彼伏的独立浪潮，他经过不断思考与尝试之后决定把印度分为两个国家：巴基斯坦和印度。这就是著名的"蒙巴顿方案"。1947年6月3日，在蒙巴顿的主持下，体现"印巴分治"原则的《印度独立方案》公布。规定：印度教徒居多的地区建立印度，伊斯兰教徒占多数的地区归属巴基斯坦。两国的国界线将于当年的8月15日，也就是两国独立日公布。从6月3日到8月15日，只有短短2个多月的时间，由于印度的民族和宗教问题盘根错节而又极为脆弱，因此两国界线的划分备受世人瞩目。一旦出现问题，将会酿造持久的、极其严重的后果。然而，英国在处理这个问题时却极其草率。

英国把划定国界线的任务交给了一位名叫西里尔·雷德克里夫的伦敦律师。讽刺的是，这位律师一生中都没有去过直布罗陀以东地方，他对印度的情况知之甚少。但为了维持表面上的客观公正，雷德克里夫把自己关在总督府，盯着一张不太准确的地图，在没有参考任何资料，也没有和任何印度人交流的情况下，按照自己的直觉画出了几条国界线，史称"雷德克里夫线"。

8月15日，当国界线公布后，各界哗然。巴基斯坦被莫名其妙地分为东西两部分，在"错误宗教区"的民众被迫逃离家园，很多人因此沦为难民。由于大规模人口迁移，又引发了大混乱，两教徒之间发生了难以计数的冲突和暴动、屠杀以及报复。至少有50万人在冲突中丧生，1200万人无家可归。

此外，"蒙巴顿方案"为了所谓的"自由选择权"，规定当地居民可以自己选择加入印度或者巴基斯坦。克什米尔地区因为情况特殊，

在归属问题上产生了严重问题，并引发了骚乱，很快，克什米尔的骚乱演变成了印度和巴基斯坦之间的战争。

在联合国的调停下，印巴双方在 1949 年 1 月 1 日停火，并划定了停火线，印度控制克什米尔五分之三的土地，巴基斯坦控制剩余的五分之二。但实际上，两国经常围绕着克什米尔爆发争端，战火时常在边境上燃烧，给当地民众带来巨大损失。时至今日，克什米尔已然成为印度和巴基斯坦长期交恶的核心所在和战争根源，双方不再仅仅把克什米尔当作普通的领土争端，而是渗透着太多的国家主权、民族尊严和民族情感，无论付出多大代价都要去争夺。南亚也在一次次的战争中变成"火药桶"，让原本已经很难解开的"死结"变得更加复杂。

黑非洲的觉醒

打开非洲地图可以看到，每个国家的版图都非常规整，仿佛是大块、中块和小块的补丁一样。这些"补丁"背后并不是一段荣光的历史，而是充满殖民主义统治的心酸与泪水。

直至 19 世纪中期之前，非洲大陆都是神秘的，大多数地方仍然处于比较原始的状态。这里多半居民的肤色是黑的，他们因缺乏与外界的交流而显得十分闭塞，仿佛文明之光没有照到那里。因此，人们称这片大陆为"黑非洲"。

到了 1850 年前后，西欧列强纷纷完成了工业革命。资本家们急需原料产地和产品倾销市场，他们很快把目光投向这块尚未开发的土地。在多种因素驱使下，从 1850 年至 1900 年，民族主义者、传教士和探险家争先恐后前往非洲争夺领土和据点。比利时国王利奥波德二世在英国探险家斯坦利的帮助下，得到了一个非常大的王国——刚果自由邦。同时，法国得到了非洲北岸的突尼斯，意大利在红海岸边吞并了一块土地。英国派遣军队将埃及置于它的统治之下。俾斯麦也帮德国占领了四个殖民地。为了弥合列强在争夺过程中产生的矛盾，1884 年，在德国"铁血宰相"俾斯麦的倡议下柏林会议召开了。参加会议的共有 15 个国家，他们名义上是解决刚果河流域的归属问题，实际上是讨

论瓜分非洲的原则。会议举行得"非常圆满"，列强在瓜分非洲方面都具有了"合法性"，从此欧洲殖民者掀起了入侵非洲大陆的高潮。非洲大陆无可选择地完全从属于欧洲。

欧洲殖民者对非洲的统治是极其残酷的，非洲人民也同殖民者进行了长期艰苦的武装斗争，创造了无数可歌可泣的英雄业绩。许多国家爆发过反抗侵略者的大规模武装斗争和武装起义，燃起了反对帝国主义和争取独立斗争的火焰。

第二次世界大战后，埃及国内政治和经济状况日益恶化，广大民众、士兵和下级军官对国王法鲁克二世的封建统治极为不满。他们要求废除英埃条约，改变现行制度。1945 年，代表中小资产阶级利益的"埃及自由军官组织"发展成为埃及革命的领导力量，他们提出：反对英国的占领、反对法鲁克封建王朝的腐败统治、埃及人管理自己的国家。该组织在 1950 年初成立执行委员会，著名政治家纳赛尔当选为主席。1952 年 1 月 6 日，掌握实权的开罗军官俱乐部管理委员会进行改选，自由军官组织的代表以多数票当选，法鲁克二世立即下令解散军官俱乐部管理委员会，同时做出人事调动，企图分散自由军官组织的力量。

法鲁克二世弄巧成拙，反而激化了矛盾，促使纳赛尔提前采取行动。7 月 22 日 23 点，"自由军官组织"在纳赛尔的领导下发动声势浩大的"七月革命"，他们驾驶装甲车和坦克迅速占领了机场、车站和电台，迫使法鲁克二世宣布退位，流亡意大利。虽然后来王储继位，但政权实际上已经转到"自由军官组织"之手。他们成立革命委员会，代行议会职权，颁布《土地改革法》，废除维护特权阶层的《1923年宪法》，最终推翻了法鲁克王朝，在1953年6月18日建立埃及共和国。1956年，纳赛尔当选为埃及第二任总统，他致力于维护埃及的独立自主地位，宣布从英、法殖民者手中收回苏伊士运河。为了彰显新国家的实力，埃及人在尼罗河修建了阿斯旺大坝，大坝上游形成的巨大人工湖被命名为"纳赛尔湖"。

▲法鲁克二世

　　在埃及西部，有一个领土面积很大的国家——阿尔及利亚。19世纪中叶，阿尔及利亚成为法国的殖民地，法国人将其当作原料基地和战略大后方，肆意进行剥削。二战期间，为了与轴心国作战，法国曾向阿尔及利亚人许诺，只要帮助法国赢得战争胜利，就允许其独立。二战结束后，法国如愿以偿地成为战胜国，却出尔反尔，不仅没有履行承诺，反而变本加厉地压榨阿尔及利亚。阿尔及利亚人民认识到，殖民者不可靠，必须采用武装斗争才能争取民族解放和国家独立。

　　1954年3月，阿尔及利亚各地的爱国者秘密建立"团结与行动革命委员会"，后来改名为"民族解放军"。他们发动了大起义，进行游击战争。经过多年的斗争，最终在1958年9月19日宣布建立阿尔及利亚共和国临时政府。1960年6月，法国被迫接受谈判。阿尔及利亚"民族解放军"一面谈判，一面多次攻破法军长300千米、宽约1

▲法国承认阿尔及利亚独立的《埃维昂协议》签订后，阿就是否独立举行全民公投

千米的"莫里斯防线"，使法国完全陷入被动。1962年3月18日，法国政府被迫同阿尔及利亚签订《埃维昂协议》，承认阿尔及利亚人民的自决权。同年7月1日，阿尔及利亚举行全民投票，7月3日宣告独立。这次战争是二战后非洲规模最大的一场反殖民主义战争，它的胜利结束了当地长达132年的殖民统治。

此外，苏丹、突尼斯、摩洛哥和利比亚等国在20世纪50年代先后取得独立。社会发展水平更为落后的加纳（原名黄金海岸）和几内亚也于 1957 年和 1958 年分别脱离英、法的统治，成为二战后撒哈拉以南非洲最早独立的国家。

20 世纪 60 至 70 年代，非洲的独立运动蓬勃展开，各国的民族解放运动团结合作，互相支持，绝大多数非洲殖民地获得了独立。仅在 1960 年，就有喀麦隆、多哥、马达加斯加、刚果、索马里、达荷美、尼日尔、布基纳法索、象牙海岸、乍得、乌班吉沙立、刚果 (布)、加蓬、塞内加尔、马里、毛里塔尼亚和尼日利亚等 17 个国家获得独立，因此这一年也被称为"非洲独立年"。到 1960 年，非洲已有 26 个国家实现独立，面积占非洲总面积的 2/3，人口约占非洲总人口的 3/4。

1990 年纳米比亚独立，1994 年南非白人种族主义统治垮台，这标志着除个别岛屿外，所有非洲国家都摆脱了殖民主义和种族主义的枷锁。

非洲的独立运动改变了非洲的面貌，为非洲地区的发展和振兴创造了条件，也使世界殖民体系最终瓦解，同时壮大了发展中国家的力量，给殖民主义、帝国主义和霸权主义以沉重打击。1971 年 10 月 25 日，联合国大会第 26 届会议上，就"恢复中华人民共和国在联合国组织中的合法权利问题"进行表决，非洲国家的赞成票起到了极为重要的作用。

现在，非洲拥有 60 个国家和地区，人口 12.8 亿，他们资源丰富、地理位置重要，在世界政治舞台上发挥着日益重要的作用，成为推动世界和平与发展的一支不可忽视的力量。

一场"房地产"纠纷

1948—1982年，以色列与其周边的阿拉伯国家进行了5次大规模的战争，史称"中东战争"。这场战争的根源，不是为了争夺财富和黄金，而是为了争做耶路撒冷地区的主人，因此这场战争也被学者们形象地称为"房地产纠纷"。要说这场纠纷的起源，需要从历史上追溯4000多年。

众所周知，以色列的建立者犹太人多灾多难。他们在4000多年前从两河流域下游千里迢迢迁移到"迦南"，也就是现在的耶路撒冷。虽然犹太人坚信，"迦南"是神赐给他们的土地，神圣而荣耀。但这片土地并没有带给他们太多美好的回忆。3700年前，严重的自然灾害曾迫使他们前往埃及避难，寄人篱下，屈辱地生活了400年，差点被埃及人同化。历尽千辛万苦返回"迦南"后，他们又在2500年前遭到新巴比伦王国征服，全体国民被囚禁在巴比伦城长达半个世纪之久，在波斯人的协助下才再次返回家乡。好景不长，2300年前希腊人崛起，再一次征服了犹太人。2000年前，罗马人又依靠强大的军力占领了这里，对犹太人展开疯狂奴役。犹太人的反抗令罗马皇帝无比愤恨，为了防止犹太人团结起来，罗马人残忍地把犹太人零零星星地发配到欧洲许多国家和地区，使他们"老死不相往来"，再也没有反抗能力。

在犹太人离开后，"迦南"成为无主土地，阿拉伯人陆续迁移到这里，成为这里的新主人。

流散在欧洲各地后，犹太人的命运同样悲惨，一次次"排犹运动"让他们成为自然灾害、瘟疫、贫困、战争的受害者。到了20世纪30年代，随着希特勒上台，"排犹"达到了顶峰，屠杀了近600万犹太人。犹太人就像漂泊在外的游子一样，梦想着有朝一日回到"迦南"这片神赐给他们的土地，他们呼吁"犹太复国主义"运动。

随着第二次世界大战结束，命途多舛的犹太人迎来了命运的转机。他们积极呼吁的"犹太复国运动"得到了英国、美国和苏联等国的支持。1947年11月29日，联合国通过决议实施"巴勒斯坦分治"：英国结束在巴勒斯坦的委任统治，撤出军队，在阿拉伯人居住的巴勒斯坦地区建立阿拉伯国和犹太国两个国家。这就意味着，阿拉伯人需要割让一部分土地给犹太人建国。令阿拉伯人更难以接受的是，决议要求人口占2/3的阿拉伯人只获得43%的贫瘠土地，人口只有1/3的犹太人获得57%的肥沃土地和沿海土地。对此，阿拉伯世界非常不满，沙特国王曾气愤地说："我们同情犹太人，可是他们建国要在我们的土地上割让领土。历史上谁在迫害犹太人？阿拉伯人吗？既然德国人杀害犹太人，就在德国划出一块土地给他们好了，为什么要损害与犹太人的苦难毫无干系的巴勒斯坦人民的利益？"沙特国王的发言代表了阿拉伯世界的心声，然而弱国无外交，西方国家根本没人理会。

有了建国的号令，世界各地的犹太人源源不断地迁往巴勒斯坦。1948年5月14日，新的国家宣布建立，国名定为"以色列"，意思是

▲ 1948 年建国后，魏茨曼成为第一任以色列总统

"摔跤战胜神的人"。恼羞成怒的阿拉伯国家联盟在 5 月 16 日凌晨发动了战争，这就是第一次中东战争。

由于以色列刚刚建立，国力很弱，只有 3.4 万军人、33 架飞机、4 辆坦克和自行火炮。在阿拉伯军队的围攻下，以色列节节败退，大片国土被占领，只能在首都特拉维夫拼命抵抗。这时美国出面调停，6 月 11 日，阿以同意停火四周，这无疑为以色列赢得了喘息机会。利用宝贵的停火时间，以色列在世界各地犹太富豪的帮助下疯狂购买武器。他们从美国和英国进口轰炸机，从法国进口坦克，从捷克进口枪支、火炮和弹药。当 7 月 9 日战争重启时，以色列军队已经脱胎换骨。先前占尽优势的阿拉伯军队节节败退，被完全赶出巴勒斯坦。为了逼迫阿拉伯联军投降，以色列秘密打通一条通道，派遣阿隆师主力包抄埃及军队，逼迫埃及军队全面败退。其他阿拉伯国家也无心恋战，纷纷撤出战斗，以色列获得了战争的胜利。第一次中东战争阿拉伯联军死亡 1.5 万人，以色列死亡 6000 人，以色列占领了巴勒斯坦 80% 的土地，将近 100 万巴勒斯坦阿拉伯人沦为难民。

1956 年，埃及在纳赛尔的领导下收回了苏伊士运河的控制权。作为报复，埃及宣布禁止以色列船只通过苏伊士运河和蒂朗海峡，这无疑掐断了以色列的海上交通动脉。为了争夺海峡通行权，10月29日，以色列派出伞兵进入西奈半岛，对埃及发动进攻，第二次中东战争打响。埃及总统纳赛尔没有与以色列硬碰硬，而是主动撤回苏伊士运河附近，加强防守。虽然以色列在英法的支持下占领了西奈半岛和加沙地区，但一直无法夺取最重要的苏伊士运河，战绩平平。另外，由于以色列悍然派兵入侵埃及，遭到国际社会的一致谴责，因此不得不在11月6日宣布停火，但在与埃及斡旋之后，取得了通过蒂朗海峡的通行权。

1964年5月，为了建立独立的巴勒斯坦国，巴勒斯坦解放组织在耶路撒冷成立，但该组织也对以色列构成了威胁。以色列再次发动了战争，要扼杀巴勒斯坦解放组织，这便是第三次中东战争。为了打赢以色列，埃及和约旦签订协议，打算对以色列南北夹击。1967年6月

▲ 1967年6月5日，进攻埃及西奈半岛的以色列坦克部队

5 日，以色列主动出击，几乎出动所有飞机对埃及、约旦和叙利亚进行空袭，史称"六五战争"。为了达到出其不意的效果，以色列选择的空袭时间特别巧妙：清晨埃及军队吃早饭和军官上班之前。这段时间军队的戒备特别松懈，结果，埃及、约旦和叙利亚损失惨重，大批飞机还没来得及起飞便被炸毁在机库和跑道上。随后，以色列地面部队多面出击，占领了耶路撒冷等大片地区，把几十万巴勒斯坦人赶出家园。

在第三次中东战争中，阿拉伯联军输得非常不服气，他们要伺机进行报复，收回失地，特别是苏伊士运河东岸地区。1973 年，埃及秘密联合伊拉克、叙利亚、沙特、突尼斯等十几个国家对以色列发动进攻。为了迷惑以色列军队，埃及军队不断在苏伊士运河西岸进行军事演习，使以色列军队开始麻痹大意。10 月 6 日是以色列人的传统节日：赎罪日。这一天犹太人要放假，前往犹太教堂祈祷。以色列情报部门也自负地认为阿拉伯人不会发动战争。但万万没想到，下午 2 点，埃及和叙利亚军队突然从多个方向进攻以色列。特别是在苏伊士运河，埃及工程兵在海军和空军的掩护下，用极短的时间在运河上架设了 12 座浮桥、开通了 60 条通道，保障装甲师和机械化师渡河收复失地。以色列军队措手不及，损失惨重。直到 10 月 10 日，以色列才开始组织有效的反击，双方随即进入消耗战。10 月 24 日，在联合国安理会的调停下，以色列与埃及和叙利亚达成停战协议。由于阿拉伯军队在战场上占据优势，因此在谈判桌前较为主动，收复了之前被以色列侵占的大片领土。

与前三次中东战争相比，第四次中东战争的科技含量大大提高。战争双方不再简单地用火炮和航空炸弹等传统武器，而是大量使用导弹，大名鼎鼎的"萨姆-2""萨姆-3""萨姆-6""萨姆-7"防空导弹，"响尾蛇"和"蜻蜓"空空导弹，"小牛"和"百舌鸟"地空导弹，"加布里埃尔"舰舰导弹等轮番上阵，取得了辉煌的战绩。

1982年6月4日，以色列空军空袭驻扎在黎巴嫩南部的巴勒斯坦解放组织游击队，第五次中东战争打响。巴勒斯坦解放组织游击队（简称巴解游击队），是巴勒斯坦人民为了建立自己的国家和对抗以色列而建立的军事组织。他们虽然没有与以色列在正面战争上对抗的能力，但凭借熟悉地形、风土人情与反应快速等优势，不断在以色列后方制造麻烦，成了以色列的心头大患。为了彻底消除隐患，以色列在6月6日派出2万多人，从多个方向向巴解游击队展开进攻，使游击队损失惨重。

经历了五次惨烈的战争，阿拉伯和以色列都已经认识到，武力只会加深彼此的仇恨，并不能从根本上解决问题，从此双方开始走上和平谈判的道路。不过，时至今日，巴以双方仍然冲突不断，和平曙光仍然遥远。希望耶路撒冷这座寓意"和平之城"的古老城市能够早日迎来民族和宗教和解，走上繁荣的发展之路。

战斗民族的首领

从 1922 年苏联建立到 1991 年解体，这个超级大国先后出现了列宁、斯大林、赫鲁晓夫、勃列日涅夫、安德罗波夫、契尔年科和戈尔巴乔夫等领导人。他们手握国家重权，在国内外政治经济活动中发挥着重要作用。不过，即便身处严肃的政治环境中，这几位领导人身上也发生过许多趣闻轶事。

列宁留给了世人宝贵的思想财富——列宁主义。列宁的记忆力、读书速度和理解能力都十分惊人。一次，一位老布尔什维克见列宁正在翻阅一本很厚的外文书籍，便问他背诵一首诗大概需要读多少遍。列宁轻描淡写地回答道："大概只要读两遍就可以了。"

列宁拥有强大的理解能力和记忆力，跟他平时在读书过程中特别专注有很大关系。据说他读书时，不会理会周围发生的一切事情。他的几个姐妹曾经搞过一次恶作剧，趁他专心读书的时候，在他身后搭起一座不稳定的三角塔，只要他一动，塔就会倒塌。但列宁丝毫没有察觉，直到半小时后，他读完了预定的章节才动了一下，导致三角塔轰然倒塌。

列宁从小痴迷于读书，几乎达到嗜书如命的程度。即便在流放过程中，他也会抽时间进行阅读。1897 年，列宁被流放到寒冷的西伯利

▲ [俄罗斯] 谢罗夫《列宁会见农民代表》

亚地区，他每天都会离开住所，前往小城的图书馆读书。后来，书不够读了，他就请求居住在莫斯科的姐姐定期给他寄送书籍。列宁流亡海外期间，也把大量时间花在学习中，大英博物馆、日内瓦图书馆、巴黎国立图书馆中都留下过列宁的身影。

列宁喜欢在读书时做笔记、写心得体会。每次读到精妙之处，他就标注上"重要""非常重要"等评语。如果看到有谬误的地方，他也毫不客气地写上"莫名其妙""完全错误"等。读完书之后，他会把书中最有价值的观点写在封面上，方便将来查阅。后来，列宁写的《哲学笔记》一书就是根据他的读书批注和笔记汇编而成的。

1924 年 1 月 21 日列宁去世，遗体被安放在克里姆林宫红场，供世人长久瞻仰。接替他的是苏联第二位领导人斯大林。

斯大林于 1924—1953 年担任苏联最高领导人，在他的领导下，苏联实现了工业化、战胜了法西斯，在二战后成为世界超级大国。

在二战时期，斯大林把自己的两个儿子和一个养子都送上了战场。他的长子雅科夫是一名普通军官，曾担任炮兵中尉，在 1941 年参加卫国战争时被德军俘虏。苏联取得卫国战争胜利后，开始在战场上掌握主动权，随后他们艰难赢得斯大林格勒保卫战的胜利，扭转了二战的局面。这次战争中，苏联俘虏了德国第六集团军司令保卢斯元帅。希特勒很快传话给斯大林，希望用雅科夫交换保卢斯，但斯大林没有同意。他通过中立国的红十字会向希特勒传达了那句著名的话："我不喜欢用一名将军交换一名士兵。"在斯大林看来，他的儿子就是一名普通的士兵，不能搞特权。据说雅科夫得知父亲拒绝交换的消息后极其

▲斯大林和雅科夫合影

失望，但他并不感到意外，因为他知道父亲经常挂在嘴边的话："战场上没有战俘，只有叛徒。"1943年4月，雅科夫在集中营中被德国卫兵射杀，终年36岁。

斯大林1953年3月5日去世。同年9月，赫鲁晓夫担任苏共中央第一书记，成为苏联第三位最高领导人。与列宁的坚定睿智、斯大林的沉稳镇静不同，赫鲁晓夫的性格比较暴躁、豪放，甚至有些鲁莽。他极有个性，只要想到的事情就必须马上去做，否则睡不着觉。

▲手握玉米的赫鲁晓夫（左一）

1960年10月联合国大会会议期间，当菲律宾代表发言抨击苏联在东欧进行殖民主义统治时，赫鲁晓夫非常生气，他用皮鞋敲打桌子表示抗议。这件事被美国媒体大肆嘲讽，并升级为一场外交事件。

赫鲁晓夫十分关注农业发展，他不赞成斯大林压榨农业、扶持重工业的做法，上台后开始进行农业改革。赫鲁晓夫希望短期内提高粮食产量，在1959年访问美国后，他发现玉米的产量高、投入少，非常适合在苏联推广。于是，赫鲁晓夫回国后发动了"玉米运动"，第二年把苏联的玉米种植面积扩大到2800万公顷。但苏联的自然环境并不适合玉米生长，导致很多地区玉米颗粒无收，造成了极大的经济损失。

▲勃列日涅夫

苏联民间很多人对此不满。

1964 年，勃列日涅夫等人策划了"政变"，免除赫鲁晓夫的一切职务。赫鲁晓夫被迫"退休"，勃列日涅夫担任苏共第一书记，他在任期间，苏联的军事力量大大增强，核武器的数量超过美国。

执政早期，勃列日涅夫比较亲民，愿意听取别人的意见。他积极发展石油和天然气贸易，赚到大量外汇，使国力达到鼎盛。他把大量的金钱投入军工产业中，制造出各种先进武器，提高了苏军的战斗力，在美苏争霸中占据优势，但也导致国民经济畸形发展。1979 年，勃列日涅夫批准苏联入侵阿富汗，企图占领阿富汗后进一步控制巴基斯坦

和伊朗，获得波斯湾的出海口，进而控制整个中东地区。但事与愿违，苏联陷入阿富汗的战争泥潭中无法自拔，直接导致经济衰退，在与美国的对抗中渐渐落得下风。

勃列日涅夫执政近 20 年，1982 年 11 月他在苏共中央总书记的岗位上去世。此后，苏联经历了安德罗波夫和契尔年科的短暂执政后，迎来了最后一位领导人戈尔巴乔夫。戈尔巴乔夫当政期间立志改革，他的政策极为激进，以"新思维"进行思想的改革，直接导致了苏联在 1991 年解体。

戈尔巴乔夫看到了苏联官僚主义横行、计划经济弊端严重、军费开支居高不下，便试图通过在政治上搞多党制和议会制，在经济上搞私有制，在意识形态上实行多元化来化解。实际上，这些做法过于简单粗暴，不仅无法帮助苏联摆脱困境，还把整个民族带到了万丈深渊之中。时至今日，戈尔巴乔夫在俄罗斯都不受欢迎。

恐怖的核危机

如果说起冷战期间人类距离核战争最近的事件，恐怕要数 1962 年发生的古巴导弹危机。危机持续时间不长，但美国和苏联两个超级大国剑拔弩张、直接对抗，让整个世界都面临着被毁灭的危险。

古巴离美国很近，它位于加勒比海西北部墨西哥湾入口处，距离美国佛罗里达州只有 140 多千米。1492 年，哥伦布发现了古巴，帮助西班牙占领了这块宝地，随着各方面兴起，美国开始不断入侵周围地区。1898 年，美国通过美西战争击败西班牙，名义上帮助古巴获得独立，实际上借机在古巴扶植傀儡政权，控制古巴的政治与经济。

二战后，世界各国的解放运动风起云涌，1959 年，卡斯特罗和切·格瓦拉发动革命推翻了傀儡政权——巴蒂斯塔独裁政府的统治。对于新政权如何发展，卡斯特罗并没有确定下来。他最初并没有建立起社会主义制度，在外交上还打算与紧邻美国交好，但古巴新政权推出的一系列国有化改革严重威胁到美国对拉美的控制，引起了美国政府的强烈不满。

1961 年 1 月 5 日，即将卸任的美国总统艾森豪威尔突然宣布与古巴断交、实施贸易禁运，对古巴施行经济制裁，导致古巴陷入"闭关锁国"的窘境之中。同年 4 月，新上任的肯尼迪总统批准了"十字军

行动"，组织 1500 名雇佣军组成"2506 突击旅"在古巴西南海岸的猪湾登陆，企图推翻卡斯特罗政府。这也是美国在拉美国家实施颠覆活动的惯用手法。然而，古巴人民不畏强敌，奋起反抗，经过 72 小时的激烈战斗，取得了胜利。"猪湾事件"让美国和古巴关系决裂，至今都没有明显好转。

面对美国的虎视眈眈，卡斯特罗不得不寻求苏联的帮助。此时正值美苏冷战白热化阶段，美国在土耳其部署了大量核导弹，极大缩短了苏联的预警时间。苏联领导人赫鲁晓夫迫不及待地在美国周围寻找立足点，想要以牙还牙，面对共同的敌人美国，他与卡斯特罗一拍即合。苏联大力援助古巴，古巴则选择彻底倒向社会主义阵营。

为了扭转美苏争霸中的不利地位，抵消美国的核战略优势，赫鲁晓夫实施了一项极其危险的冒险行动。1962 年 7 月，利用卡斯特罗访问苏联的机会，苏古双方签署了在古巴部署中程导弹的秘密协议。根据协议，苏联将向古巴运送 42 枚中程导弹以及地空导弹、巡航导弹、轰炸机、战斗机等，其中中程导弹的射程可达 3000 多千米，几乎把美国本土所有的城市都纳入打击范围。这些导弹威力极大，其所携带的核弹头爆炸当量相当于广岛原子弹的 20—30 倍。同年 8 月，苏联把导弹以及相关设施拆分到集装箱中，用商船秘密运往古巴。整件事处于绝密状态，苏联高层领导人中只有 6 人知晓此事。

但这场瞒天过海的行动，还是被美国人发现了。从 1962 年 8 月起，美国就一直对古巴实行空中侦察。8 月 31 日，美国首次在古巴发现了防空导弹、带导弹的海防鱼雷艇和大批军事人员。到 10 月 14 日，美国通过 U-2 高空侦察机发现了中程导弹等"进攻性武器"，美国上下顿时无比震惊。美国人发现得太晚了，苏联用两个月的时间已经基本完成了导弹基地的建设工作，马上就要进行军事部署。

苏联在古巴建造中程导弹基地的照片被送到美国总统肯尼迪面前，肯尼迪迅速召开紧急国家安全会议，成立"国家安全委员会执行委员会"，紧急商议应对措施。军方强硬派不赞成仅仅实施封锁政策，认为苏联是"在挖美国的后院，必须进行严厉的惩

▲苏联驻古巴部队总指挥官伊萨·普利耶夫大将

罚"，要求立即进行空袭，全面入侵古巴。但肯尼迪不想挑起美苏战争，他压制住了军方强硬派，选择了封锁政策，以避免出现重大伤亡，防止局势失控。

经过精心准备，10 月 22 日晚上 7 点，肯尼迪向全国发表电视讲话，向苏联发出"最后通牒"，宣布对古巴实行名为"隔离"的海上封锁，要求苏联停止和取消这种"秘密、鲁莽并富有挑战性的威胁行动"，从古巴撤走导弹。

以肯尼迪讲话为标志，古巴导弹危机全面展开。

▲肯尼迪在华盛顿就古巴导弹危机作全国电视演讲

10月23日，赫鲁晓夫宣布不接受封锁，并宣称美国如果入侵古巴，苏联将会采取激烈行动。双方的全球军队都进入了战备状态。

24日，美国出动120架飞机携带600多枚核弹在空中盘旋，随时准备战斗；同时派遣90艘军舰在8艘航空母舰和68个航空中队的掩护下，从佛罗里达到波多黎各布成了一个弧形链，封锁了整个古巴海域；美国陆军则集结了一个二战以来最庞大的登录部队准备随时参战。在国内，美国不断组织预防核战争的演习，似乎在为最坏的结果做准备。

苏联毫不示弱，派遣 4 艘潜艇携带大量核武器来到封锁线附近进行对峙。潜艇在出发前已经获得授权，可以发射核弹攻击美国本土。两个核大国陷入了"以眼对眼"的对抗状态，士兵枕戈待旦，战争似乎一触即发。

就在这千钧一发之际，美苏两国首脑意识到核威胁外交背后隐藏的巨大危险，通过频繁的外交斡旋，使形势发生了戏剧性转变。在 1962 年 10 月 22 日至 12 月 14 日期间，肯尼迪和赫鲁晓夫频繁互通了一系列信件，极大程度上缓和了危机。其中 10 月 26 日至 28 日，短短三天时间内，双方措辞严厉的五封书信最终打破了解决危机的僵局。

26 日早上，美国 U-2 侦察机在古巴导弹阵地上空盘旋，苏联很不客气地发射了一枚萨姆导弹，准确击中目标，导致美国侦察机机毁人亡。此时的肯尼迪高度紧张，一方面他并未弄清赫鲁晓夫的真正意图，但意识到若发生核大战，美国本土也将遭到苏联导弹的猛烈打击；另一方面，愤怒的美国军方强烈要求对苏联进行大规模的军事报复，制定了反击的具体时间表，做好了大规模动武的一切战斗准备，只待命令下达就可以随时攻入古巴。

与白宫一样，克里姆林宫内赫鲁晓夫和苏联高级官员也在密切关注着紧张的局势。收到肯尼迪的消息后，赫鲁晓夫意识到，苏联的整体实力并不足以与美国相提并论，一旦事态升级，苏联将无力保护遥远的古巴，还可能招致美国对苏联本土的大规模报复性打击。于是，赫鲁晓夫最终做出妥协，宣布苏联将撤回导弹。

28 日上午 9 时，肯尼迪正式收到了赫鲁晓夫发来的确认撤除古巴

导弹的复信，他心中的巨石终于落地。自 1962 年 10 月 15 日美国证实苏联在古巴部署导弹，至 10 月 28 日美苏相互妥协、达成和解，前后共历时 13 天。在此期间，美苏两个核大国彼此针锋相对，却谁也不敢越雷池一步，两国最终在为时已晚之前各退一步。11 月 20 日，美国宣布取消海上封锁，古巴导弹危机正式宣告结束。

古巴导弹危机结束后，罗伯特·肯尼迪根据自己的亲身经历写了一本回忆录《十三天：古巴导弹危机回忆录》。该书在 1969 年第一次出版，可惜罗伯特·肯尼迪已经在 1968 年遇刺身亡。

古巴导弹危机的解决将美苏两国从核战争的边缘拉回，使人类避免了一场浩劫。危机过后，为方便两国领导人能直接对话，避免不必要的冲突，两国在华盛顿和莫斯科之间建立了"美苏热线"。

我有一个梦想

"求你了，求你了，求你了，我不能呼吸了。""我胃疼。我的脖子疼。求求你了。我不能呼吸了。"2020年5月25日，46岁的美国明尼苏达州黑人男子弗洛伊德在警察暴力执法后死亡。根据路人拍摄的现场视频，可以看到，一名白人警察用膝盖跪压在被手铐铐住的弗洛伊德的脖子上面，时间持续几分钟。弗洛伊德也曾向警察祈求过，而警察并未停止动作。就在这段时间里，路人也多次要求检查弗洛伊德的呼吸，可是警察并未理会。在此之后，弗洛伊德陷入昏迷，到达医院后不治身亡。人们在看到这段暴力执法的视频后纷纷开始抗议，抗议活动愈演愈烈，持续升级。人们要求为弗洛伊德申冤，反对种族歧视。这次声势浩大的抗议活动，本质上是黑人在美国社会中长期遭受不公待遇最终引发的多米诺骨牌效应。黑人民权运动领袖马丁·路德·金的儿女也为弗洛伊德事件发声。其实，这样争取黑人权利、反对种族歧视的黑人民权运动，早在很久以前就已经开始。

在美国历史上，1862年林肯发布的《解放黑人奴隶宣言》使黑人在法律上成为自由人。而马丁·路德·金领导的黑人民权运动，使美国黑人获得了真正意义上的权利平等。

马丁·路德·金是一位非洲裔美国人，1929年1月15日出生于美

▲马丁·路德·金（中间）在莫尔豪斯学院的毕业典礼上

国佐治亚州亚特兰大。上学时，总有同学将他与德国宗教改革先驱马丁·路德弄混。其实，这两位伟人的名字如此相近是有原因的：马丁·路德·金的父亲对马丁·路德十分仰慕，于是 1934 年将其子的名字改为马丁·路德·金，希望他能够成为对社会做出巨大贡献的人。

马丁·路德·金自幼成绩优异。他 15 岁时进入莫尔豪斯学院攻读社会学，该校校长梅斯博士是一位公开反对种族压迫的布道家、神学家。马丁·路德·金受了他的影响，17 岁时选择了浸礼会牧师为终身职业，1947 年被任命为埃比尼泽浸礼会教堂助理牧师。1948 年到 1951 年间，马丁·路德·金获得了莫尔豪斯学院文学学士学位、克鲁泽神学院学士学位以及奖学金。在这几年的学习中，他又攻读了神学，还研究了圣雄甘地在社会改革方面的非暴力策略。1951 年秋，他进入波士顿大学神学院就读。

马丁·路德·金聪慧的头脑以及他后天对各种专业的学习是他成为

黑人民权运动领袖不可或缺的因素。早在就读于莫尔豪斯学院的时候，他就接触到了非暴力抵抗说。而在克鲁泽神学院期间，他研学了哲学、神学和美国奴隶制度史，阅读了许多哲学著作以及关于美国黑人争取自由的书籍。后来，他听到许多有关甘地生平及其学说的演讲，从中深受鼓舞，认为甘地的"非暴力不合作"正是他一直寻求的理论和方法。在他进入波士顿大学神学院就读期间，又进一步研究哲学、神学、各主要宗教教义和宗教心理学，其中黑格尔的著作对他产生的影响很大。

马丁·路德·金领导美国黑人民权运动要从第二次世界大战说起。第二次世界大战期间，反法西斯战争的前线活跃着大批黑人的身影，他们也为反法西斯战争的胜利做出了巨大的牺牲和贡献，但这并没有换来黑人平等的权利。

▲美国民权运动领袖马丁·路德·金

　　二战后很长一段时间，美国依然推行黑人与白人"隔离但是平等"的政策。什么是"隔离但是平等"？比如，美国所有的火车都有设备相同的黑人车厢和白人车厢，但是黑人和白人不能混坐在同一个车厢中。并且，这种规定适用于一切其他的公共交通工具以及体育场、电影院、剧场、理发店、学校、医院、美容院等所有公共场所。该政策中，"隔离"被实施得十分彻底，而"平等"则无从谈起。明明在隔离黑白人种，却要打着平等的旗号，这是美国政府精心包装的一种歧视方法。美国黑人为了争取平等权利便从推翻"隔离但是平等"开始。

　　最初，非洲裔主要采取向法院提出诉讼的"法院斗争"的方式进行合法斗争，他们希望通过法院的判决来废除种族隔离制度。1952年，黑人布朗曾控告堪萨斯州托皮卡教育局对公立学校的黑人进行种族隔离。美国有色人种协进会黑人律师马歇尔非常支持他，并为他做出了强有力的辩护。1954年美国联邦最高法院判定，本案中种族隔离的学校违宪且并未提供黑人学生公平教育，因此公立学校应该种族混合。这次判决为废除种族隔离制度打开了缺口，是黑人民权运动和反对种族隔离制度斗争中的一个里程碑。1955年，美国州际商务委员会也被迫宣布在铁路运输中取消种族隔离的相关规定。

　　然而，种族主义者强烈反对和抵制最高法院的判决。南方的许多州都坚决不执行最高法院的这一判决，依然坚持"隔离但是平等"原则，拒绝有色人种进入白人的学校。他们签订了"南方宣言"，与法院的判决进行"政治战"。

　　在黑人反对种族隔离制度的斗争中，最重要的事件当属蒙哥马利城黑人非暴力抵制运动，马丁·路德·金从 1954 年起在该市担任牧师。1955 年 12 月 1 日，黑人妇女罗莎·帕克斯乘坐公共汽车时拒绝给白人让座，被警察捕获。此事一出，立刻引起了蒙哥马利城黑人的怒气。马丁·路德·金领导 5 万名黑人，采取了拒绝乘坐公共汽车的抵制行动，时间长达一年。而这一年的黑人抵制行动，也让该城的公共汽车公司几乎破产，因此被迫取消了种族隔离制度。这次罢乘公共汽车运动的胜利显示了黑人运动的强大力量，对全美各地的黑人起了鼓舞作用。受到该运动启发，一波又一波的民权运动爆发，标志着美国黑人运动进入了新的阶段。

"I have a dream"（我有一个梦想），这是马丁·路德·金的名言。他于 1963 年 8 月 28 日在华盛顿林肯纪念堂，在 25 万名群众前发表演讲，这是黑人民权运动发展的高峰。"我梦想有一天，这个国家会站立起来，真正实现其信条的真谛：'我们认为这些真理是不言而喻的——人人生而平等。'我梦想有一天，幽谷上升，高山下降，坎坷曲折之路成坦途，圣光披露，满照人间。"他演讲的内容主要关于黑人种族平等，显示了黑人争取自由的决心。这次演讲集会产生了重磅的舆论压力，终于迫使国会在第二年通过了民权法案，宣布种族隔离和歧视政策为非法，成为美国民权运动史的关键事件。

1964 年，马丁·路德·金被授予诺贝尔和平奖。此后，他一直致力于宣传以非暴力来消灭种族歧视。只可惜，1968 年 4 月 4 日下午，马丁·路德·金在孟菲斯市洛林汽车旅店二层被种族主义分子暗杀，终年 39 岁。

▲ 1963 年 8 月 28 日，马丁·路德·金在林肯纪念堂前面对 25 万民众发表演讲《我有一个梦想》

"我有一个梦想"，为了实现这个梦想，马丁·路德·金一生受到无数次的恐吓，曾十次被监禁，三次入狱，三次被行刺。他还曾被精神病人捅了一刀，他所在的教堂也被扔进炸弹。马丁·路德·金这一生可谓传奇的一生了。

现如今看来，马丁·路德·金的梦想并未完全实现。从弗洛伊德事件以及一桩桩白人警察对黑人暴力执法的典型事件，反映出消灭黑白种族歧视的梦想还需努力方可实现！

西方世界的抗美勇士

  法国这个雄踞欧洲的大国，从来就不缺杰出的政治家和军事家，贞德、腓力二世、路易十四、拿破仑……都曾为法国历史做出过重要贡献。然而在 2005 年法国电视台举行的"法国十大伟人排行榜"评选活动中，一位现当代的政治家却力压群雄，以绝对优势占据榜首，成为"法兰西历史第一人"，他就是戴高乐——一个身高 1.98 米，被称为"现代法国救星"的人。为了纪念他，法国将首都巴黎的国际机场命名为"戴高乐国际机场"，这座机场占地面积 32.37 平方千米，是法国最大的机场，也是欧洲最大的机场。

  戴高乐 1890 年出生，1970 年去世。他的父亲曾经是一名陆军少尉，参加过1870 年普法战争，后又担任预备班文科教师。戴高乐自幼受到父亲的影响，迷恋法国历史，对国家往昔伟业心驰神往。

  戴高乐 19 岁考取军校，22 岁从军，开启了自己几十年的军旅生涯。1914 年，第一次世界大战爆发，戴高乐以连长身份加入战斗，他曾多次负伤，最严重的一次

▲青年戴高乐

发生在 1916 年的凡尔登战役中。当时的戴高乐不幸被刺刀刺中腿部，又遭到毒气弹攻击，在前线昏死过去，随后被德国巡逻部队发现，关押到战俘营中。法国军队以为戴高乐已经战死，于是追授他最高荣誉勋章。没想到，1918 年一战结束后，他被解救出来，又奇迹般地回到了家人身边。

20 世纪 20 年代—30 年代初，世界政局相对平静，戴高乐除指挥过几次小规模战争外，还进行了大量军事理论的研究，他提出了使用装甲部队的方法，也呼吁改进马奇诺防线。可惜他的建议和呼吁并没有引起政界的足够重视，后来纳粹德国利用法军在这两方面的缺点，迅速击败了法国。

1939 年，二战全面爆发，戴高乐再次走向前线。1940 年 5 月底，他指挥一支装甲部队在阿布维尔阻断了德军的攻势，被评为"勇敢果断的杰出指挥官"。可惜在德国强大的闪电战面前，法国政府放弃了抵抗，6 月 17 日宣布停战，6 月 22 日正式向希特勒投降。

戴高乐不满法国的投降政策，他毅然离开法国，流亡英国。1940 年 6 月 18 日，戴高乐通过广播发布了号召法国人抵抗纳粹德国的"六一八"号召书："无论发生什么事，法兰西抵抗的火焰不能熄灭，也绝不会熄灭。"戴高乐坚持斗争，他建立了"流亡政府"，1944 年 6 月 3 日，又当选为法兰西共和国临时政府总理，但直到同年 10 月，他的身份才获得美国、苏联和英国的承认。

二战结束后，戴高乐组织过"法兰西人民联盟"等运动，阐述了自己的一系列思想。他对当时的"法兰西第四共和国"政治体制不满，认为这样的政府十分动荡，而且软弱无能，无法应对复杂的国内和国际局势。在戴高乐看来，一个全新的法国应该削弱议会的权力，加强国家元首的权力，在国内能够创造稳定的环境，大力发展经济，在外交上打出法兰西的特色，而不是听命于人。可惜，他的主张没有获得政府的支持。

20世纪50年代末，戴高乐的批判一个个应验。阿尔及利亚等殖民地不断发起独立战争，法国内部政治动荡，在外交上被英美苏牵着鼻子走。这时，人们才想到了戴高乐，于是在1958年把他选为法国总统，进行宪法改革，建立起"法兰西第五共和国"。

戴高乐始终对法国的光荣与伟大笃信不疑，当选后将维护法国尊严、恢复法国的大国地位作为外交政策的第一目标。对他而言，一个民族的伟大并不在于在一切战争和其他重大事业中始终能够取得胜利，而在于在遭遇分裂、腐败、战败和奴役时，仍然能从自身的历史和精神中汲取力量重获自由和新生。

戴高乐担任总统期间，美国成为法国实现大国地位的最大阻碍。早在二战期间，美国总统罗斯福就轻视戴高乐领导的"自由法国"，却与维希政权保持外交关系。美国还长期将法国排斥在战后世界安排和处理战后欧洲命运的进程和框架之外。二战期间的雅尔塔会议等历次重要会议，美国都将法国拒之门外。因此在战后，戴高乐坚信只有依靠自己的力量，才能使法国成为受尊重的世界强国。

为摆脱美国控制、恢复法国大国地位，戴高乐一改法国在国际上唯唯诺诺、追随美国的低姿态，频频挑战美国主导权，推行了一系列

独立于美国的外交政策，这一政策又被称为"戴高乐主义"。他主张维护民族独立，力争维护法国在国际事务中的大国形象和大国地位，通过建立以法国和西德为核心、以法国为领导的"欧洲人的欧洲"，来逐渐打破美苏两极格局。

戴高乐将建立法国独立的核力量视为摆脱美国控制、争取大国地位的重要基础和首要目标。他认为，防务依赖使法国在政治上依附于美国，没有独立的防务体系就没有真正的民族独立。

在核时代，核武器是独立和地位的象征，是晋升大国行列的"入场券"。第二次世界大战结束前一年，在听取法国科学家的意见后，

▲ 1943年，戴高乐出席卡萨布兰卡会议旧照，从左到右依次为吉罗、罗斯福、戴高乐、丘吉尔

戴高乐就已下定决心尽快着手原子弹的研究工作。在他的积极倡导下，1945年初，法国成立了原子能研究小组，后又在此基础上建立了原子能委员会，迅速在科学、工业和国防领域开展原子能研发工作。戴高乐重新执政后，继续加速研制核武器的步伐。1959年美国总统艾森豪威尔访问法国时，曾要求法国放弃独自研制核武器而由美国提供，这一意见被戴高乐毅然决然地拒绝。他认为"如果没有原子弹，法国就不能称其为法国，法国就不再是一个欧洲的强国，不再是一个主权国家，而只是一个被一体化了的卫星国"，"要把自己的命运掌握在自己手里"。

1960年2月，法国第一颗原子弹试爆成功。1963年，戴高乐再次拒绝了美国提出的"多边核力量"计划，拒绝签署苏、美、英三国部分停止核试验及禁止核扩散条约。1964年，法国第一颗可实战部署的内爆式原子弹交付战略空军使用。至此，法国成为世界上第四个拥有核武器的国家。但戴高乐并不满足，又继续加速氢弹研究。法国第一颗氢弹于1968年试爆成功。

退出北约军事一体化则是戴高乐独立防务计划中的另一个关键环节。北大西洋公约组织（简称"北约"）成立于二战后西欧严重衰弱、以美苏为首的两大阵营冷战正酣之际，兼具遏制苏联与控制西欧的双重作用。在戴高乐看来，法国在北约中不过是担任"被称为大西洋团结的霸权主义的驯服角色"，要建立独立的防务体系，就必须把法国从北约在美国指挥下所奉行的欧洲一体化中解放出来。

1958年9月，戴高乐刚刚上任就提出要改组北约，建立一个由美

▲戴高乐在总统办公室

英法三国组成的领导机构，谋求在北约中与美英平起平坐的地位。被美英拒绝后，法国于1959年2月宣布其海军战时将不受北约指挥，后又采取一系列措施迫使美国将驻法国的核轰炸机撤往英国和西德。

1960年5月，法国拒绝将其军事航空纳入北约空防体系。1961年5月，又拒绝肯尼迪提出的将美国配备"北极星"导弹的核潜艇调派北约，以换取法国停止核试验的意见。之后几年内，法国先后宣布将其大西洋舰队撤出北约，同中国一起抵制美英苏三国的《部分禁止核试验条约》，撤回在北约海军司令部任职的军官，拒绝参加北约的军事演习。1966年10月，法国宣布退出北约军事委员会，并要求美军关闭驻法基地、北约部队和指挥机构，在一年内撤离法国。此举被美国评价为"对准联盟心脏刺了一刀"，是对美国西方霸主地位的严重挑战。自此，法国军事脱离美国领导下的北约，为实现外交上的独立奠定了基础。

在法国争取大国地位的过程中，戴高乐深知欧洲联合的重要性。当法国在欧洲成功站稳脚跟并树立领导形象后，戴高乐开始积极推销自己的"欧洲概念"：建立一个强大的、统一的欧洲，使之成为美苏两个超级大国之间的均衡力量。1963年，戴高乐以"欧洲人的欧洲"为口号，推动欧洲共同市场经济一体化。"欧洲人的欧洲"不仅排斥大洋彼岸的美国，还将本属于欧洲地理范畴的英国排斥在外，指出其重点在于"欧洲大陆"。而"欧洲大陆"团结合作、谋求独立地位的关键在于法德合作。

法德两国的恩怨由来已久。为了同德国建立新的关系，戴高乐主动邀请联邦德国（1949 年德国分裂为东德和西德，东德为民主德国，西德为联邦德国）总理阿登纳来法国访问。1958 年 9 月，戴高乐和阿登纳在戴高乐的家乡科隆贝举行会谈，两国领导人达成了一个共识：德国和法国必须结成紧密的友谊，只有法德之间的友谊才能拯救西欧。1963 年，两国签订了《法德合作条约》，实现了法德的全面和解，德美关系也被打下了楔子。

为更好地建立"欧洲人的欧洲"，除拉拢德国外，戴高乐曾倡议共同体六国（法国、联邦德国、意大利、荷兰、比利时、卢森堡）将外交和防务统一，退出北约，成为独立于北约和华约两个冷战阵营之外的第三支力量。为此，法国曾提出"富歇计划"，表面上试图加强成员国合作，实际上却极大地削弱了欧洲经济共同体的职能，期望共同体的发展符合法国的政治道路。各国对此心存疑虑，同法国一起进行漫长且艰难的谈判，最终于 1966 年实现了"卢森堡妥协"，戴高乐成为欧共体的实际统治者。在戴高乐任法国总统期间，曾两度拒绝英国加入欧共体的请求，一方面是因为担心英国会取代法国在欧洲的领导地位，另一方面是英美之间的"特殊关系"使得英国在几乎所有联盟问题上都同美国站队，而反对法国。一旦允许英国加入欧共体，就

意味着将美国派遣的"特洛伊木马"请进同盟，欧洲防务和经济发展将面临被美国严密控制的威胁。

戴高乐在东方政策上积极调整法苏关系并发展法中关系，为抗美独立、争取大国地位提供了重要支撑。在他看来，当时的苏联无力吞并西欧，可以借助苏联抗衡美国，通过改善对苏关系来增加抗衡美国的筹码；同时，法国在美苏两国间的周旋又能提高法国的国际地位。为此，戴高乐逐步调整对苏政策。1960 年，戴高乐邀请赫鲁晓夫访问法国，并提出"缓和、谅解、合作"的对苏方针和"从大西洋到乌拉尔"的"大欧洲"设想。1966 年 6 月，戴高乐出访苏联，在莫斯科电视台发表讲话时提到："要使缓和、谅解和合作在我们整个欧洲逐步得到实现。"在其后发表的联合声明中，他又强调"欧洲问题首先应当在欧洲范围内进行讨论"。此次访问开始了西欧对苏联东欧的政策由冷战到缓和、由对抗到对话的转变，推动了东西方缓和的进程。

在对苏缓和的同时，戴高乐也认识到中国是国际政治中一支不可忽视的力量。中法两国在实行独立自主外交、反对美苏霸权上有着共同诉求。1964 年 1 月 27 日，两国同时发表建交公报，对当时的世界和国际形势的发展产生了深远影响，被西方舆论称为"一次突发的外交核爆炸"。法国成为西方国家中第一个同中国建立大使级外交关系的国家，这也使法国成为能同中、美、苏直接对话的唯一西方大国，大大增强了法国在东西方关系中的发言权，提高了法国的国际地位，扩大了法国在国际事务中的影响力。

此外，法国作为老牌殖民国家，在第三世界拥有广泛的殖民地。

▲ 1964年6月6日，中华人民共和国驻法兰西共和国首任特命全权大使黄镇（左）在法国巴黎总统府爱丽舍宫向法兰西共和国总统戴高乐（中）递交了国书

戴高乐在殖民地内实施非殖民化政策，加强法国在第三世界的影响力，以提高法国的国际地位。他于 1961 年公开谴责美苏两国假借联合国之名对刚果实行军事占领的行为，在 1967 年第三次中东战争期间坚决支持阿拉伯国家，对美国支持的以色列实行武器禁运。

尽管法国难以再现路易十四、拿破仑帝国时期的辉煌，但戴高乐通过争取外交上的独立自主，挑战美国霸权，使法国成为西欧的盟主、第三世界的代言人，重返世界一流强国行列。"戴高乐主义"的外交政策成为现代法国的精神支柱，戴高乐本人也成为西方世界中的抗美勇士。如今，法国人认为戴高乐在二战时期和二战结束后两度拯救法兰西，他的声望远远超过了拿破仑和路易十四。

丑小鸭变白天鹅

20 世纪中后期，世界在和平发展的潮流中走向多极化，国与国、地区与地区的联系日益密切，催生出一个个"经济奇迹"。特别是在经济活动最为活跃的东亚地区，新加坡、韩国、中国香港地区和中国台湾地区从 20 世纪 60 年代末开始崛起，一举迈入新兴工业化地区行列，被称为"亚洲四小龙"。他们的崛起也成为后世经济学家研究的重点案例，值得广大发展中国家去借鉴和学习。

实际上，"亚洲四小龙"在 20 世纪中期经济并不发达，甚至有些落后，有的只能经营一点外贸，有的以小农经济为主，有的资源匮乏、面临战争的威胁，有的只是弹丸之地。从各方面来说，他们都是名副其实的"丑小鸭"。

从 20 世纪 60 年代开始，借着西方发达国家和日本转移落后产业的机会，"丑小鸭"积极推行出口导向型战略，重点发展劳动密集型的加工产业，在短时间内实现了经济的腾飞，随后不断推进产业升级，保证经济的持续发展，蜕变成"白天鹅"。但他们的情况又各自不同，经济学家通常将其细化为"中国香港模式""中国台湾模式""韩国模式"和"新加坡模式"。

从 1842 年到 1941 年，中国香港的工业发展水平一直很低，仅能

生产玩具和衣服，做一些简单的对外贸易，民众的收入也不高。从 20世纪中后期开始，香港利用自己连接大陆与世界的独特地位、自由开放的市场以及良好的公共服务，吸引了大量优秀人才和国际资本，将自己打造成了世界金融中心。同时，背靠大陆，香港寻觅到无数的商机，出现了李嘉诚、霍英东等一大批资本大鳄，开创了经济增长的奇迹。

中国台湾在 20 世纪中后期实现了经济的三次转型。第一次发生在 20 世纪 50—60 年代，他们积极发展工业，实现了农业社会向工业社会的转变。第二次发生在 20 世纪 60—70 年代，台湾人民大力发展外向型经济，推进劳动密集型产业的发展。第三次发生在 20 世纪 80 年代，他们不断引进先进的技术和人才，提高科研创新能力，培育了台积电、联发科等重要产业，完成了从劳动密集型产业向资本、技术密集型产业的跨越。

韩国的经济崛起之路与中国台湾相似，但又有所不同。韩国在 20世纪 70 年代优先发展重工业，扶持了钢铁、纤维、汽车等许多战略产业，保证了国家从轻工业向重工业的过渡。80 年代以后，韩国投入巨额资金发展高新技术产业，在半导体、液晶面板、移动通信等产业实现了突破，创造出举世瞩目的"汉江奇迹"。

新加坡原本是一个资源匮乏、国土面积小、人口数量少的"袖珍型"国家。1965 年刚独立时，工业基础差，民众收入水平低，经济随时都有全面崩溃的危险。新加坡政府积极干预经济发展，创造良好的经营环境，引进外资，吸引欧美日等发达国家的企业入驻。依托马六甲海峡，通过政府引导，新加坡在 20 世纪 60 年代建立起完善的劳动密集型产业，20 世纪 70 年代升级为资本密集型产业，20 世纪 80 年代以后建立起科技密集型产业，最终将一个贫困落后的小国建设成充满活力的富裕国家。

"亚洲四小龙"的成功秘诀是什么？很多学者进行了总结，概括起来主要有五个方面：

第一，优越的地理条件。"亚洲四小龙"所在地大多是环海的岛屿或海峡，是亚太地区重要的航运枢纽，一方面扼航道中心，另一方面经济开发经验丰富，能够轻易抓住发展的机会。

第二，多元文化交汇。"亚洲四小龙"靠近东方历史文化中心，从东方文明中汲取了宝贵的营养。20 世纪，随着西方文化思想的传入，不同文化不断融合碰撞，在"亚洲四小龙"创造出了一片片多元灿烂的"混搭文化"地带，能够同时适应东西两种文化，同时与东方和西方国家接轨。

第三，人力资源丰富。"亚洲四小龙"大多面积小、资源稀少，但却拥有较多的年轻劳动力，即"人口红利"。至少在特定的时期，"人口红利"能够使经济发展产生可观的效果，推动经济开启一段高速发展之路。

第四，政府主动干预经济发展，及时进行产业转型升级。韩国和中国台湾地区从 20 世纪中后期放弃了西方国家一贯奉行的"凯恩斯主义"政策，采用货币贬值促进出口，提高利率以抑制通货膨胀，刺激居民储蓄以增加投资来源，保证经济的活力和产业转型。新加坡与中

国香港地区则抓住有利时机，为经济发展创造各方面的有利条件，并积极参与投资，适当进行经济管理，将消费城市转变为工业城市。

第五，和平稳定的国际环境。20世纪50—70年代，世界主要发达国家经济高速发展，世界经济氛围趋向和平合作，为"亚洲四小龙"的出口导向发展提供了良好的外部条件。尤其在东亚地区，国际局势相对稳定，使他们可以把主要精力放在经济发展上。

"亚洲四小龙"在发展经济的同时，也面临着不小的危机和挑战。短期来看，他们过于依赖国际市场，受经济危机波及的风险非常高。韩国以汽车产业闻名于世，但是在世界石油危机发生时，原本就紧缺石油的韩国，汽车产业雪上加霜。长期来看，他们受到了"克鲁格曼质疑"为代表的警示。1994年，美国经济学家保罗·克鲁格曼在《外交事务》杂志上发表《亚洲奇迹的神话》，对东亚经济能否继续增长提出质疑："亚洲四小龙"依靠投入实现经济增长，而不是西方"全要素生产率"的增长，在未来可能会面临不期而遇的挑战。

不论如何，"亚洲四小龙"的崛起告诉世人：依托东方文化照样能够在经济发展中有所作为。"亚洲四小龙"的成功，也为广大第三世界国家提供了经验：通过推进生产效率和提高技术，不断采用先进经济发展模式，持续改善经济结构，完全可以获得源源不断的收益，保持经济的高速发展。

成也矿产，败也矿产

在遥远的南太平洋上，有一个袖珍国家——瑙鲁。这个国家独自占据一个海岛，长 6 千米，宽仅有 4 千米，面积约 21.1 平方千米，是世界上最小的国家之一。如果从空中俯瞰，瑙鲁的形状非常像一个大鸭梨，孤独地漂浮在海洋中。目前，瑙鲁全国的人口只有 8000 多人，另外 2000 多人常年居住在澳大利亚。

由于国家领土面积过于狭小，瑙鲁全国只有一家商店、一个邮局、一条环形公路、一条机场跑道、一家拥有十几个床位的酒店。为了方便办公，重要行政机构如国会、总理府、政府办公室、警察局等都集中分布在岛屿的东南部，居民则分散地居住在海岛的沿岸地区。

在很长一段历史时期，瑙鲁都几乎与世隔绝，直到 3000 多年前才有附近的密克罗尼西亚和波利尼西亚人迁移过来。1798 年，英国航海家费恩驾驶着"猎手号"捕鲸船来到了瑙鲁岛，发现了这座景色优美的热带海岛。费恩发现，岛上土壤肥沃，植被茂密，到处都是鸟语花香，岛中央还有一座有名的火山湖——布瓦达拉宫湖，湖水透明如镜，倒映着天空，感觉天地融为一体，实在美丽。当地人们以采集椰子、捕鱼和捕鸟为生，他们体格健壮、皮肤黝黑，在这里过着无忧无虑的幸福生活。因此，费恩为小岛取名为"舒适岛（Pleasant）"。

▲在密克罗尼西亚的瑙鲁岛的卫星图像

　　19世纪末，西方列强的殖民魔爪伸向了这个美丽的海岛。1886年，英德两国经过激烈的谈判签订了协议，划分了西太平洋的势力范围，将瑙鲁纳入德国人的"势力范围"。两年后，德国派军舰占领了瑙鲁，将其合并到马绍尔群岛的殖民统治之下。几年后，不断有列强来到岛上探险。随着一种矿产资源在岛上被发现，瑙鲁几千年的平静生活被彻底打破。

　　1898年，澳大利亚"太平洋岛屿公司"一名叫登森的员工来到瑙鲁岛，好客的当地人送给他一块纹理奇特的石头作为礼物。回到澳大利亚后，登森并没有在意这块石头，但公司里一位英国员工却对这块石头特别感兴趣。他拿着石头去做了化验。这块石头竟然是十分昂贵的磷酸盐矿石，不仅是天然的化肥，还可以用于制造洗涤剂、冶金，应用于医药以及石油化工等，有很大的开发价值。这个新闻顿时轰动了整个世界，西方殖民者蜂拥而来争夺资源。经勘探，人们发现瑙鲁全岛五分之三的面积都是这种矿石，储量达到1亿吨。

人们不禁会问：为什么这个小岛上有这么多磷酸盐矿？原来是因为瑙鲁地理位置十分独特，周围都是海洋，附近的海鸟只能来到这里歇息逗留。几万年来，海鸟留下的鸟粪经过堆积、矿化，厚度约达到了10米，便成为今天我们看到的磷酸盐矿。

按照之前的协议，瑙鲁是德国人的势力范围，因此德国商人拥有开采权。不过，英国殖民者在巨大的经济利益面前果断反悔，他们经过与德国的进一步谈判，也获得采矿权。两国规定：开采量是每年200万吨，按照这样的开采速度，可能50年内便会把岛上的矿石全部开采完毕。

1914年第一次世界大战爆发，英国和德国在欧洲打得不可开交。为了断掉德国的财路，英国支持澳大利亚出兵占领瑙鲁，瑙鲁便成了澳大利亚的殖民地。二战时期，日军短暂占领了瑙鲁，还把当地居民全都驱赶到密克罗尼西亚的特鲁克群岛上。二战结束后，瑙鲁由联合国托管，实际仍由英国、澳大利亚和新西兰三国管理，他们继续在岛上开发磷酸盐矿。

1968年1月31日，瑙鲁人民经过不懈努力终于获得独立。不过，直到1970年瑙鲁才收回矿石开采权，这时的矿石已经开发过半。20世

纪70—80年代，瑙鲁每年出口的磷矿石达到100万—150万吨。凭借磷酸盐矿的出口，瑙鲁几乎一夜暴富，人均收入在20世纪70年代初曾高居世界前列，成为名副其实的"小富国"。在这个小国中，政府建立了完善的福利制度。这里的人们不用按时上班，也不交税，医疗和教育全部免费。居民还可以乘飞机去澳大利亚看病或到海外求学，往返机票、学费和其他杂费全部由政府承担。居民享受着高额的住宅和水电方面的补贴，几乎家家都有现代化的电器和汽车。平时人们最喜欢的休闲方式就是开着汽车在环岛路上飙车，几乎20分钟就能绕岛转一圈。为了丰富民众的业余生活，瑙鲁政府甚至利用最大一块绿地建起了一座高尔夫球场。此外，瑙鲁还成立了自己的航空公司。到1980年时，这家航空公司已经购买了5架波音飞机。瑙鲁民众花很少的钱便可以乘坐飞机，因此航空公司亏损严重，如果不是政府给予高额补贴，恐怕早就已经破产。

由于岛上耕地面积很少，瑙鲁的粮油、肉类、水果和蔬菜等食品都需要进口，甚至淡水也主要依赖国外供应。其中蔬菜很难保存，因此价格最高，吃蔬菜几乎成了一种非常奢侈的行为。大多数人还是以油炸食品和肉类为主要食物，结果导致瑙鲁人的体质比较差，体重严重超标，糖尿病和心脏病人很多。

毕竟矿产资源是有限的。为了合理开发濒临枯竭的磷矿资源，瑙鲁政府只能逐年减少开采量。同时进行金融投资，实现经济多元化，摆脱对矿产资源的过度依赖。为此，瑙鲁曾经在所罗门岛建立了一座啤酒厂，在美国俄勒冈州购买了250公顷森林，在华盛顿建造了一座

▲瑙鲁多岩石的海岸线

办公楼，在澳大利亚墨尔本修建了一座 51 层高楼，但大部分投资都没有达到预期效果，反而导致债台高筑，经济加速下滑。随着磷矿日益枯竭，瑙鲁财政陷入严重危机之中，不得不在 1995 年出售了 3 架波音飞机用于还债。为了渡过危机，瑙鲁一方面大量寻求外部援助，从澳大利亚、新西兰、俄罗斯以及中国台湾等地索取了大量援助资金；另一方面起诉澳大利亚，要求澳赔偿其开采磷酸盐矿造成的环境破坏。1989 年，瑙鲁正式向国际法庭提起诉讼，双方在 1993 年达成庭外和解，澳大利亚同意赔偿瑙鲁 1.07 亿澳元，其中现金支付 5700 万用于建立信托基金，其余 5000 万分 20 年付清，每年支付 250 万澳元。

目前瑙鲁的经济状况十分艰难，通信时断时续，食品、淡水供应紧张，国家徘徊在破产的边缘。雪上加霜的是，随着海平面不断上升，瑙鲁可能在未来几百年后被海水淹没。面对惨淡的未来，瑙鲁政府一直找不到合理的解决方案。有的人建议举国移民澳大利亚，也有人建议全体民众迁往另一座岛屿开始新的生活。但目前瑙鲁何去何从，仍是一个困扰整个国家的问题。曾经的"舒适岛"现在真的不舒适。

纵观瑙鲁国家发展的历史可以看出，这个国家"成也矿产，败也矿产"。磷酸盐矿让这个小国曾经富裕无比，仿佛人间天堂，但矿产的枯竭又让它返回人间，饱尝心酸和苦楚。作为一个典型的"资源枯竭型"国家，瑙鲁要实现转型还有很多路要走。

天堑变通途

在遥远的 6000 多万年前，英国与欧洲大陆是连接在一起的。随着寒冷的冰川时期结束，全球气温升高，海平面不断上升，最终海水淹没了英国与欧洲大陆之间的狭长通道，在不列颠群岛与欧洲大陆之间形成了一道难以逾越的天堑——英吉利海峡。不过，人类科技进步让"天堑变通途"成为可能。1990 年 10 月 30 日，一条长达 50 多千米的海峡隧道打通，英国与欧洲大陆在分离了 6000 万年之后，重新连接在一起。

早在很久以前，欧洲人就想打通英吉利海峡，实现英法交通互联。1751 年，法国学者尼古拉·德马雷在《古代英法接壤论》一书中提到上古时代英法两国的国土是连接在一起的，这让人们对跨越海峡天堑充满了遐想。19 世纪初，拿破仑统治欧洲大陆，他有一个梦想：有朝一日骑着白马从法国直奔伦敦。为了迎合拿破仑，1802 年法国工程师马悌厄提出一个大胆的建议：修筑一条海底隧道直通英国，隧道中用油灯照明，用烟囱伸出海平面通风排气，使用马车在隧道中承担运输任务。此后，还有不少工程师也提出了类似的想法，但英国政府却极力否决任何方案，因为他们担心交通方便了，法国就可以轻而易举地进攻英国，严重影响英国的国家安全。

　　二战结束之后，世界经济蓬勃发展。长期沐浴在和平中的人们，开始更加关注经济发展。特别是 20 世纪 50 年代以来欧共体、欧盟蒸蒸日上，融入欧洲大陆似乎成为英国最佳的选择。加之欧洲一体化使军事安全的重要性不断下降，修建英法海底隧道又被提上议事日程。1973 年，法国总统蓬皮杜和英国首相希思签订了开挖隧道的协议，准备在海峡两岸同时动工。但仅仅一年之后，英国便因为财政困难而放弃了该计划。经过进一步运作，1986 年，英国首相撒切尔夫人与法国总统密特朗再次签订共建隧道条约，修通海峡隧道的决心最终确定下来。

　　海峡隧道无疑是一项前无古人的浩大工程，它要建成什么样子呢？这就要看设计师的想象力了。为了得到最好的设计方案，项目组在世界范围内开展了设计招标工作。四家颇具实力的设计公司提供了

▲法国总统蓬皮杜与英国首相希斯

自己的方案。经过认真筛选，英法两国公司联合组建的"英法海峡隧道集团"幸运中标，他们将承担隧道的设计工作。

按照设计，海峡隧道将从法国的加来港通到英国的多佛港，这是整个英吉利海峡最窄的地方，在这里修建可以大大节约成本。隧道全长50多千米，其中约38千米在海底，其余12千米作为两段的入口坑道主要修建在陆地上。为了保证隧道地基稳定，隧道开凿深度为海平面以下91.4米。由于英吉利海峡只有60米深，这就意味着隧道处在海床之下30多米。

从结构上看，整个隧道就像三个长长的管道被埋在了海底；南北两侧的隧道较粗，直径为7.6米，彼此相距30米，内部建有单线单向的铁路；中间的隧道较细，直径为4.8米，主要作为辅助隧道使用，必要时可以用于维修隧道和救援工作。

挖掘隧道需要拥有巨型盾构机。盾构机被人们形象地称为"铁蚯蚓"，它们就像在地下钻行的"蚯蚓"一样，在地下掘出一条长长的洞——隧道。为了提高挖掘效率，往往由两台盾构机分别从两端开始挖，最终在隧道的中点会和。由于海峡隧道由3条隧道组成，因此施工方定制了6台盾构机，3台从法国开始挖掘、3台从英国挖掘，它们会合的地点恰恰是英吉利海峡的正中央。

作为挖掘神器，盾构机的直径与隧道相同，长度一般超过100米。机器最前端是一个可以转动的圆形刀盘，刀盘上有刀头阵列；在大型液压千斤顶的推动下，刀盘缓慢转动，不断切削前面的土石；被切下来的渣土从刀盘空隙流入渣土仓，再通过螺旋机传送到皮带输送机

上，由皮带输送机运到渣土车上，再运出隧道。为了赶工期，盾构机一般一天24小时不停地工作，只在维修或者检查时才偶尔停下来。即便如此，海峡隧道的挖掘速度仍然很慢，每台盾构机平均每周只能向前推进150米。

经过1.1万名工程人员3年漫长的努力，隧道终于在1990年打通，再经过4年多的设备安装和调试，海峡隧道最终在1994年5月7日正式通车，耗资约100亿英镑。

为了提高海峡隧道的安全性，工程师们绞尽脑汁地设想了各种产生灾害的可能性，并做出了应对措施。为了应对火灾，辅助隧道每距375米便设置一条直径为3.3米的横向通道与两个主洞连接，为乘客提供紧急撤离通道。当火灾发生时，人们可以在90分钟内全部从隧道和列车中撤到地面。为了保证轨道的可靠性，相关部门对铁路隧道和列车进行了反复测试，保证车辆在轨道上行驶时非常平稳，司机一旦遇到突发情况能够及时察觉。为了保证隧道中有舒适的环境，隧道中还安装了完善的空调系统，可以将隧道内将近50摄氏度的温度降到正常水平，入口处还安置了大功率风扇，不停地向隧道中吹送新鲜空气。

不得不说，海峡隧道堪称世界科技史上的壮举。隧道修建不仅创造了6万~10万个就业机会，还大大拉近了英法之间的距离。原来从巴黎到伦敦需要5个小时，隧道建成后时间缩短到3个小时。每年，通过隧道运输的货物高达1300多万吨，人数超过4000万人。借助隧道，英国不再是孤悬于欧洲大陆的群岛，而是与大陆紧密连接的"半岛"。

世界第一运动

　　足球是一项深受世界人民喜爱的运动，在古代中国、古代希腊、古代玛雅文明中，都有关于踢足球的记载。在众多文明之中，我国开展足球运动的历史最为悠久，可以说足球运动起源于中国。早在战国时期，齐国首都的临淄人便开始踢足球，这项运动被称为"蹴鞠"。"蹴"是指用脚踢，"鞠"是一种用皮革包着头发或米糠制成的球。当时的足球不仅仅是娱乐活动，更是一种增强士兵身体素质的训练项目。

　　由于蹴鞠比赛精彩激烈，上至皇亲国戚，下到平民百姓都很喜欢这项运动。早在汉朝便制定了详细的比赛规则，还修建了许多"鞠城"。鞠城有围墙和看台，他们分成两支球队展开较量，哪支球队踢进球门的数量多就取得比赛的胜利。到了三国时期，人们对蹴鞠的热爱有增无减，还十分崇拜蹴鞠明星。唐宋时期，蹴鞠的军事训练作用大大降低，娱乐性不断增强。很多女子也参与到蹴鞠运动中，她们经过刻苦训练，技术甚至比男运动员还好。不过，到了明清时期，蹴鞠的名声越来越差，踢球的人常常被认为不务正业，因此皇帝多次下令禁止蹴鞠。就这样，这项在中国历史上曾经十分流行的运动渐渐消失在人们的视野中。

　　我们现在看到的足球被称为"现代足球"，它的规则都是从英国

▲ [清]顾洛《蹴鞠图》

的足球比赛中演变来的，可以说现代足球运动起源于英国。现代足球比赛注重规则，经过150多年的不断发展，足球运动变得规则完善、对抗合理、观赏性强，很快传播到世界各地，成为世界第一大运动。这里分几个阶段来展示现代足球发展的历史。

第一阶段：没有比赛规则的街头足球阶段

1066年，法国诺曼底大贵族威廉发动了一场入侵英国的战争"诺曼征服"，法国赢得了战争的胜利，从此开始长期统治英国。法国人很早就从古罗马人那里学会了踢足球，因此在战争结束之后，他们把足球带到了英国。英国人很快爱上了这项运动，经常举行各种足球比赛。不过，那个时候的比赛非常野蛮，比赛没有时间和人数限制，任何人都可以上场踢球。比赛地点也比较随意，街道上、广场上、村庄或者教堂边都可以。双方仅仅在场地两边插两根木棍，形成宽1米、没有横梁的简陋球门。只要对手能把球踢过木棍，就算进了一球。由于没有比赛规则，足球比赛很快就变成了"拳击赛"和"摔跤比赛"。伴随着争吵和谩骂声，各种伤害和流血事件不断发生，很多人被打破头、踢断腿。老百姓无奈地称呼足球比赛为"暴力的足球""魔鬼的游戏"。为了防止流血冲突发生，英国国王多次颁布法律禁止足球比赛，违反法律的要被罚款和监禁。法律并没有阻碍民众对足球的热爱，人们开始在偏僻的地方偷偷踢足球。同时，也有的人开始反思：怎样才能让足球比赛变得更文明一些。于是，人们开始制定比赛的规则，防止暴力事件发生。

第二阶段：探索足球规则的阶段

17世纪英国国王詹姆斯一世颁布了《体育运动声明》，希望青年通过踢足球增强体质。足球比赛因此得到恢复发展，校园足球开始活跃起来。为了减少球场暴力，有识之士们着手制定各种比赛规则。1840年，剑桥大学、新克里夫顿公学和哈罗公学等学校在他们之间的足球比赛中制定了一项规则：上场比赛的人数为11人。之所以确定为11人，是因为当时10位学生住一间宿舍，还有1位老师担任舍监，师生11人正好可以组成一支球队。为了增加比赛的公平性，这些学校还要求派遣两名

▲ 1688年某足球体育场

裁判站在球场旁边，记录进球数量，防止因为对比赛输赢产生异议而大打出手。1848年，剑桥大学又召开了一次会议，制定出足球比赛的16条基本规则，被称为"剑桥规则"。只可惜，"剑桥规则"的具体内容并没有被历史记载下来，但它启迪人们去制定更多规则，因此"剑桥规则"被公认为现代足球规则的雏形。1855年，英国北方城市谢菲尔德成立了世界上第一家足球俱乐部，随后很多俱乐部也建立起来。很多俱乐部并不认同"剑桥规则"，他们打算成立自己的组织，制定更加合理的比赛规则。这样，人们探索足球规则的历史从此开始。

1863年10月26日，11个足球俱乐部和学校的代表在伦敦弗雷马森酒店举行了联席会议。经过热烈讨论，大家决定成立一个足球协会来管理足球比赛，这就是著名的"英格兰足球协会"。后来，10月26日也被称为现代足球诞生日。足球协会成立后，人们做的第一件事情就是制定比赛规则。1863年12月26日，各方代表在伦敦继续开会，他们参考了"剑桥规则"后，制定了14条铁律，具体内容包括：球场的面积、球门的大小、抛硬币决定开球权、上下半场交换场地、边线球和任意球规则、禁止手球和暴力等，目前这些规则仍在使用。

在英格兰足球协会的组织下，英国的职业足球比赛顺利开展。在比赛中，人们又发现了许多规则漏洞，推动着规则不断改进，变得越来越完善。1871年，足球协会规定：参加比赛的每个球队必须派一名守门员上场，裁判员必须是中立的，于是比赛中出现了固定的守门员和公正的执法裁判。1874年规定了"越位"规则，要求进攻者与对方球门之间必须至少有三名防守者，从此比赛开始变得有秩序，人们也

开始探索新的战术。1875年，一名警察担任裁判，他通过吹哨子及时制止暴力行为，从此哨子成了裁判的代名词。1882年，足球比赛中增加了两名边线裁判，让比赛变得更加公正。1891年，足球协会要求比赛球队穿着统一颜色的服装，还确定了点球的规则，同时画出"小禁区"作为保护守门员的区域，于是足球比赛中有了令人赏心悦目的队服以及让人窒息的点球判罚。1893年，足球比赛开始固定在田径场内举行，为了更加准确地判断足球是否穿过球门，人们还在球门后方挂上球网，从此便有了我们所说的"绿茵赛场"。到了1902年，足球场上的球门线、罚球线和罚球区域基本已经固定下来，与今天我们看到的没有太大区别。各种规则的实行，有力地避免了在足球比赛中发生暴力事件，使足球运动从一种野蛮、粗暴的"打斗"变成了公平、公正的体育比赛。

▲早期足协规定，参赛选手必须要戴帽子

第三阶段：世界各国足球的发展阶段

随着规则的实施，更多的国家开始进行足球比赛。1889年荷兰、丹麦等国也建立足球协会，随后奥地利、西班牙等国也建立足球组织，足球运动开始在欧洲普及。直到今天，欧洲一直是足球版图中的重要地区。这里的联赛水平高、投入高、球星多，是足球爱好者们欣赏足球比赛的圣地。

19世纪末，英国人把足球运动带到了拉丁美洲。最先开展足球运动的拉美国家是乌拉圭。1875年左右，在乌拉圭建设铁路的英国工程师和工人在休息时常喜欢踢足球，他们还耐心地向当地人讲解足球运动的基本规则。很快，骨子里充满激情、热爱运动的乌拉圭人民便被足球深深吸引。1881年乌拉圭成立了足球俱乐部，1900年成立了足协，比很多欧洲国家还要早。接着，哥伦比亚、智利、委内瑞拉、巴西、阿根廷也纷纷热恋于足球运动。拉美人民对足球的热爱，是很多欧洲民众都难以想象的。足球成为贫困家庭孩子最大的爱好，城市和农村的大街小巷上到处都是他们光脚踢球的身影。1970年，巴西第三次赢得世界杯时，巴西报纸动情地写道：巴西人赢得世界杯，其意义等于美国人登陆月球。

1906年，现代足球传到了中国，大画家吴昌硕对中国足球的发展做出了重要贡献。吴昌硕在英国留学期间就酷爱踢足球，他在场上担任前锋，技术出众，非常善于在门前捕捉进球机会，被英国球友称赞

极有足球天赋。回国后，吴昌硕偶尔路过北京虎坊桥英国驻北京水兵营地，看到一些士兵正在练习踢球，于是便想通过足球比赛战胜英国人，打击侵略者的气焰，提升民族士气。很快，吴昌硕把一封"挑战书"送到了英国领事馆，由他组织的协和书院队挑战英国水兵队，但吴昌硕遭到了英国人的嘲笑。外交官认为，英国队至少能以 10 ∶ 0 取胜。不服输的吴昌硕组织了集训，他很快教会了队友多种战术和技术。5 月 7 日下午，比赛正式开始，地点选在天安门广场的东侧，到场观看比赛的观众超过 2000 人。比赛结果让人吃惊，协和书院队配合默契、技术出众，以 2 ∶ 0 干净利落地战胜了对手，让傲慢的英国人不得不俯首认输。吴昌硕带领的协和书院队赢得了中国历史上第一场现代足球比赛的胜利，为中国足球的发展取得了"开门红"。

第四阶段：体育大赛助推足球腾飞阶段

1900 年，足球首次登上奥运会赛场，虽然只是表演项目，并且只允许业余运动员参赛，但还是让更多的人了解了这项运动，大大推进了足球的发展。1904 年 5 月 21 日，法国、比利时、丹麦、荷兰、西班牙、瑞士、瑞典七国在巴黎成立了国际足球联合会，人们简称它为"国际足联"，第一任主席是法国人罗贝尔·盖兰。国际足联为自己定下来发展目标：采用各种方式发展足球运动、鼓励各种类型的比赛、增进各国足球从业者的友好交流。为了保护运动员，国际足联在 1923 年规定：赛场上队员受伤后，在裁判的许可下，可以派遣替补队员上场。

这样，运动员受伤之后，就不用咬牙坚持比赛了，这对保护参赛队员的身体健康起到了重要作用。

1928年第九届奥运会在荷兰阿姆斯特丹开幕，由于奥运会反对职业球员参加比赛，因而引发很多国家的球队拒绝参加奥运会。这时，国际足联挺身而出，决定组织一场由职业运动员参加的足球比赛：世界足球锦标赛，也就是大家非常熟悉的世界杯。经过两年的准备，1930年第一届世界杯在乌拉圭举行，最终东道主乌拉圭队在决赛中以4：2战胜了强大的阿根廷队，赢得了冠军。为了奖励世界冠军，还制作了奖杯，奖杯上雕刻着古希腊胜利女神，象征着冠军的荣耀。国际足联规定，无论哪个国家，只要能够赢得三次世界杯，就会把奖杯送给他们永远收藏。后来，巴西队在1958年、1962年和1970年三次夺得世界杯冠军，他们便永久保留了"雷米特金杯"。令人惋惜的是，

▲ 1930年世界杯决赛 乌拉圭 VS 阿根廷

1983 年这座奖杯在巴西被盗贼偷走，至今也没有找到。巴西足协只能制作了一个复制品作为他们夺冠的纪念。而在雷米特杯被巴西收藏后，国际足联制作了一个新的奖杯，这就是著名的大力神杯。

1939 年，第二次世界大战全面爆发，1942 年的世界杯赛因此未能举行。二战结束之后，巴西在 1950 年主办了第四届世界杯。从战火中走出来的欧洲人这时才恍然发现，南美洲已经成为世界足球的另一个中心。巴西足球异军突起，在世界杯接连创造出好的成绩，还涌现出了球王贝利等超级球星。贝利曾为巴西国家队出场 92 次进了 77 球，为巴西留下雷米特杯立下了汗马功劳，在巴西被人们视为民族英雄。1970 年第九届世界杯在墨西哥举行。为了进一步保护运动员和保障比赛流畅度，国际足联在规则方面做了许多重大修改。比如，允许比赛中替换两名球员、通过点球决定胜负、对犯规球员出示红牌和黄牌、任何球队少于 7 人不能进行比赛、禁止球员同时代表两个球队参加比赛等。

除了世界杯之外，各大洲的足球比赛也在有条不紊地举行。1916年阿根廷承办了第一届美洲杯，该赛事时间经常变化，目前已经举办了近 50 次。亚洲杯开始于 1956 年，每四年举行一次。中国队虽然没有夺得过冠军，但曾多次获得亚军和季军的好成绩。非洲杯始于 1957年，最初参加比赛的球队只有三支，分别是埃及、苏丹和埃塞俄比亚。随着非洲国家纷纷赢得民族独立，参加比赛的球队越来越多。非洲杯一般每两年举行一次，目前埃及队夺得冠军的次数最多。备受瞩目的欧洲杯诞生的时间较晚，1960 年才在法国举行了第一届比赛。此后，每四年举行一次。为了保证收视率，欧洲杯一般选在世界杯"空档期"

进行。由于欧洲足球发展水平较高，欧洲杯的收视率往往直逼世界杯，是各大洲足球比赛中最受关注的。

纵观足球发展的历史，我们发现，足球不仅仅是一种运动，它还承载了奋斗精神、民族精神、责任与荣誉感，这就是足球精神，它让足球有了深刻的文化内涵。

足球是和平时期的"战争"，无数的教练员和裁判员就像准备战争一样孜孜不倦地探索新战术、新阵型。

足球代表了奋勇拼搏的精神。经过90分钟的激烈对抗，取得比赛胜利的球队，就像英雄一样接受民众的欢呼和致敬；而失败的一方，卧薪尝胆，刻苦训练，随时准备着再次决赛。足球经常会出现以弱胜强、以少胜多的经典战例，教育着人们要敢于挑战，勇于拼搏，不到最后一刻决不放弃。

足球也是一项对运动员特别"公平"的比赛，它对运动员的高矮胖瘦没有严格限制。只要你的天赋足够高、训练足够努力、求胜欲望足够强烈，都一样能够成为受人敬仰的明星。

足球同时还是一张闪耀的名片，因为足球的存在，人们才去关注哥斯达黎加、冰岛、加纳、喀麦隆等小国，去了解雷丁、赫罗纳、巴勒莫等令人陌生的城市。它让一个个国家、一座座城市因为一场比赛而瞬间被世人记住。

最后，足球也是一门艺术，球员的每一次传球、每一次跑动、每一次射门，都在向观众们展现着力与美的艺术。它吸引着成千上万的球迷聚集在一起，共同见证球场上每一个充满魅力的时刻。

　　"奥林匹克之父"顾拜旦曾在《体育颂》中写道："啊，体育，你就是正义！你体现了社会生活中追求不到的公平合理。任何人不可超过速度一分一秒，逾越高度一分一厘，取得成功的关键，只能是体力与精神融为一体。"这无疑也是对足球运动的歌颂。正是足球运动员、教练员和球迷们一起，通过默契的配合、挥洒自如的技术和崇高的荣誉感，才将足球运动一步一个脚印，发展成当今世界的第一运动。

马岛海战

辽阔的海洋就是一个聚宝盆，拥有无比丰富的资源。在神秘幽深的海洋深处，蕴藏着十分丰富的矿产资源、石油资源、生物资源。不过，人们在开发海洋资源的同时，因为种种原因而产生了很多争端。解决争端的方式有很多种，有的通过和平谈判，实现互利合作；有的则诉诸武力，用战争的方式分出胜负。

如果用武器装备给海战划分发展阶段，近代以来的海战大致可以分为三个阶段。第一阶段：19世纪末20世纪初的"海上炮战"——军舰之间近距离的火炮和鱼雷互射。第二阶段：二战前后的"海空对决"——航空母舰和舰载机之间硬碰硬。第三阶段：20世纪60年代至今的"远程打击"——借助战机和导弹等先进装备歼敌于千里之外。第三阶段的海战数量不多，其中1982年4月—6月的英阿马岛海战无疑是冷战期间规模最大、最激烈的一次海陆空联合作战。

英阿马岛海战是英国和阿根廷围绕马岛归属权而进行的一场战争。马岛全称马尔维纳斯群岛，英国称其为福克兰群岛，位于南大西洋，总面积约12200平方千米。群岛主要包括200个小岛。其中，最大的两个岛屿分别位于群岛东部和西部。从地理位置看，马岛距离阿根廷更近。该群岛距离英国本土8000多海里，而距离阿根廷海岸只有300

多海里。两国关于马岛的主权归属一直有争议却无定论，最早可以追溯到新航路开辟后资本主义国家在美洲的扩张。

　　阿根廷最初是西班牙殖民地。1810 年，阿根廷首都布宜诺斯艾利斯地区的人民起义推翻了西班牙殖民统治。随后，西班牙宣布放弃在马岛的主权，布宜诺斯艾利斯联合省政府顺理成章地占领了该岛并宣示主权。但在 1833 年英国赶走了驻守在群岛的阿根廷军队，使之成为英国的海外领地，对此阿根廷一直心怀不满。1945 年，阿根廷重新提出了主权的要求，并多次与英国进行交涉，但英国人玩起了"太极"战术，一直拖延谈判，致使两国没有达成任何共识。

▲马尔维纳斯群岛卫星图

1981 年底，阿根廷国内面临严重的通货膨胀，民众人心惶惶，对加尔铁里领导的军政府十分不满。加之"英国占领马岛 150 周年（1983 年）"的日子越来越近，阿根廷希望快速解决马岛问题，因此对谈判越来越没有耐心，两国关系开始变得十分紧张。

1982 年 3 月 19 日，阿根廷政府雇佣的 60 名废铁收购公司工人乘船强行登上马岛东部的南乔治亚岛，号称进行施工，还在岛上举行了升旗仪式。他们在完成工作之后，迟迟不肯离开，似乎要打算长期居住。英国认为这是阿根廷蓄意挑衅，随即要求阿根廷政府撤离这部分工人。双方互不相让，不断增加在该岛的军事力量，马岛顿时笼罩在战争的阴影之中。

4 月 2 日，阿根廷海军派遣 60 多艘舰船运载 4000 多名士兵登陆马岛，迫使岛上的 200 多名英军士兵举手投降，阿根廷国内陷入一片欢腾之中，他们疯狂庆祝夺回失去了 100 多年的海岛。

英国首相撒切尔夫人怎会善罢甘休。她当天便召开内阁会议，海军少将伍德沃德率领一支 40 艘军舰组成的特混舰队，跨越万里海域前去收复失地。舰队中有 2 艘航空母舰，分别是"竞技神号"和"无敌号"。经过 20 天的航行，英国舰队终于到达南乔治亚岛。4 月 25 日清晨，从"无敌号"航母上起飞的两架"海王"直升机在南乔治岛发现了一艘出现故障的阿根廷潜艇，随即对潜艇发动攻击。接着，在驱逐舰炮火的掩护下，100 多名英军士兵在南乔治亚岛登陆，向驻守的阿根廷军队发动猛烈进攻，迫使阿根廷军队投降。

5 月 1 日，英国控制了马岛周围海域，随即对岛上的军事设施发动

空袭，这一行动的代号叫作"黑公鹿行动"，正式拉开了马岛战争的序幕。阿根廷军队不甘示弱，派遣先进的 A4 攻击机、幻影战机袭击英国舰队。但在这次战斗中阿根廷没有占到任何便宜，他们的一架战机被英国军舰的防空导弹击中坠毁。

5月2日，英国"征服号"潜舰发现了阿根廷第二大舰"贝尔格拉诺将军号"巡洋舰，立刻发射两枚重型鱼雷。随着巨大的爆炸声，巡洋舰慢慢沉入海底，导致 368 名阿根廷士兵死亡。自知军事实力不如英国，阿根廷海军主动撤退，寻求机会进行反扑。

5月4日，南大西洋晴空万里，海面上风平浪静。两架"超级军旗"攻击机携带"飞鱼"反舰导弹悄悄从阿根廷航空母舰"5月25号"上起飞。为了不被英国军舰上的雷达发现，阿根廷战机几乎贴着海平面在 20 米的高度上超低空飞行，有时浪花甚至溅到疾驰的机翼上。但阿根廷飞行员无所畏惧，他们抱着必死的决心要给英国军舰致命一击。

当"超级军旗"攻击机距离英国"谢菲尔德号"和"普斯茅斯号"军舰已经非常近时，粗心的英国海军还全然不知。这时，阿根廷战机迅速拉升到 150 米，进入攻击阵位。随后，飞行员打开机载雷达，干净利落地锁定目标，按下导弹发射按键，启动两枚"飞鱼"。导弹像流星一样在海面上画出一道恐怖的白线，凶狠地扑向攻击目标。"普斯茅斯号"这时发现了危险，立刻向空中抛射了大量金属箔条，对来袭导弹进行干扰，惊险地躲过一劫。但"谢菲尔德号"没那么幸运，直到船长向海上眺望时才发现了贴着海面高速飞来的"飞鱼"，几乎就在他惊呼"导弹"时，导弹已经命中舰体并发生了剧烈爆炸，军舰顿时剧烈摇摆，随后陷入一片火海之中。虽然舰上的人们疯狂灭火，但还是没有阻止"谢菲尔德号"在5月10日沉入海底。

5月9日开始，英军展开大规模进攻，军舰和飞机轮番对阿根廷的机场和防御工事狂轰滥炸，能够垂直起降的"鹞式"战机出尽了风头。失去制海权的阿根廷依靠空军力量展开反击，飞行员在英国密集的炮火中玩命穿梭，令英军胆战心惊。虽然阿根廷也有一定的战绩，但战机被击落了25架，基本丧失了制空权，战争的天平明显向英国倾斜。5月21日，英国援军不断到来，游弋在马岛海域的英国军舰已经多达110艘。在评估了战局之后，英军开始在马岛登陆，1000名海军陆战队先遣队在军舰护卫下迅速占领了港口和附近制高点，引导伞兵、坦

▲马岛战争

克、防空兵登上马岛。

5月25日是阿根廷的国庆节。在这个特殊的日子里，阿根廷出动了一切可以动用的战机对英军进行空袭，击沉英国导弹驱逐舰"考文垂号"、集装箱运输船"大西洋运送者号"，重伤护卫舰"大刀号"，但自身损失也十分惨重。

为了达到"一剑定乾坤"的效果，阿根廷空军十分期待能够给予英国航母致命一击。5月30日，阿军侦察机发现了海面上的英国航母"无敌号"，随后从本土起飞4架A4攻击机，从"5月25号"航母上起飞2架"超级军旗"攻击机，组成攻击群扑向目标。6架飞机在英国舰队上空发生了激烈战斗，时间长达3个小时。阿根廷2架飞机被防空导弹击落，英国也有多艘舰艇受伤。据阿根廷报道，"无敌号"被多枚炸弹命中，但英国矢口否认。不过，"无敌号"确实在不久后撤离战区，返回英国维修。英国之所以隐瞒航母情况，大概是为了维护国家形象，毕竟舰队中的"定海神针"航空母舰被击中是一件非常不

▲ "无敌号"

光彩的事情。

6月11日，英国对阿根廷阵地发动总攻。驻守在岛屿上的1.1万名阿根廷军队在经历了3天的抵抗之后，弹尽粮绝，不得不选择投降。阿根廷意识到自己在外交和军事实力上都不是英国的对手，于是开始寻求外交方式解决马岛问题，历时两个多月的马岛战争终于结束。失败一方的阿根廷军政府领导人加尔铁里黯然下台。

超级大国的陨落

1991 年 12 月 25 日夜晚，随着莫斯科红场上空的镰刀锤子红旗缓缓降下，代表着俄罗斯的蓝白红三色旗徐徐升起，一个超级大国苏联轰然倒下。

苏联的解体并非毫无征兆，实际上在解体之前的很长一段时间，这个超级大国已经在不断挣扎，仿佛一个病入膏肓的患者，没有一丝生机。

20 世纪 70 年代末、80 年代初，苏联的国力曾经一度达到鼎盛，在外交和军事方面对美国形成了一定的优势。不过，苏联优势地位的背后却隐藏着危机。苏联的经济体制僵化，总体经济实力只有美国的三分之一。但为了与美国争霸，苏联不惜维持巨额军费开支。美国别有用心地挑起"星球大战"计划后，苏联也不甘示弱，花费大量金钱把一枚枚火箭送入太空，只为维护自己在太空探索中的颜面。1979 年，苏联更是发动了对阿富汗的战争，跳进难以脱身的沼泽泥潭。阿富汗号称"帝国坟场"，古代的波斯帝国、近代的大英帝国、当时的苏联，在入侵阿富汗后都像被施加了"魔咒"，难以全身而退，耗尽国力之后迅速由盛转衰。

1985 年，戈尔巴乔夫开始担任苏联最高领导，那时的苏联已经十分崩弱。在苏联内部，经济不景气，民众收入低，不满的情绪在不断滋生。戈尔巴乔夫很想进行一次改革，彻底扭转不利局面，但他所采取的改革措施一步错、步步错，把原本存在的问题进一步放大，推动这个超级大国加速走向陨落。

在国内的问题上，1985 年戈尔巴乔夫推出以"新思维""公开性"为特点的改革措施，但苏联经济并没有复苏，反而导致社会越来越不安定，民族矛盾也在不断激化。立陶宛、拉脱维亚、爱沙尼亚、俄罗斯和乌克兰等九个加盟共和国蠢蠢欲动，他们表面上拥护戈尔巴乔夫的改革，实际上却打算借机摆脱苏联实现独立。

在对外关系方面，1988 年，戈尔巴乔夫为了减轻经济负担，宣布不再干涉东欧社会主义国家的内政。波兰、捷克、民主德国等东欧国家听到这个消息后，纷纷发动了社会制度变革，投入西方世界的怀抱，史称"东欧剧变"。剧变之后，苏联在国际上已经成了"孤家寡人"。

1991 年 8 月 19 日清晨，苏联副总统亚纳耶夫通过媒体宣布：戈尔巴乔夫健康状况欠佳，已不能正常履行职务，即日起由他担任总统一职，全国进入为期 6 个月的紧急状态。这一事件被称为"8·19 事件"。

"8·19 事件"的初衷是维护苏联。政变者试图通过推翻戈尔巴乔夫来阻止改革，维护苏联原来的政治和经济制度，但他们失败了。他们没有帮助这个超级大国继续走下去，反而加速了苏联的瓦解。事变后，戈尔巴乔夫的权力严重受损，更多加盟共和国宣布独立。12 月 8 日，乌克兰、俄罗斯和白俄罗斯等三国签订《明斯克协议》，宣布苏联在国际上停止活动。12 月 21 日，各独立共和国又在哈萨克斯坦首都

阿拉木图举行会议，正式宣布建立"独立国家联合体"（简称独联体），取代苏联的地位。但"独联体"不是一个国家，它只是一个松散的国际组织，它在国际上发挥的作用根本无法与苏联相提并论。

12月25日晚，已经完全丧失权力的戈尔巴乔夫在电视上发表讲话，宣布辞去所有职务，将象征最高权力的核武器按钮转交给叶利钦，正式宣告了超级大国苏联的解体。自此，克里姆林宫上空的苏联国旗极具悲情地降下，一面崭新的俄罗斯国旗迎风招展。

保护文明的精华

几千年来，人们不断地改造着自然、创造着财富。他们用灵巧的双手修建了无数令人叹为观止的雄伟建筑，比如长城、金字塔、罗马古城、凡尔赛宫、科隆大教堂等。虽然古人离我们远去了，但他们慷慨地把这些伟大的作品留给了我们，让我们有机会去感悟厚重的历史、把握文明发展的血脉、欣赏人类文明的结晶。

然而，随着时间的推进，很多历史遗迹遭到破坏，甚至永远从我们的视线中消失了，令人十分惋惜。历史遗迹都有生命力，它们流淌着人类精神的血液，它们就像人类历史时光链条上的一个个节点，串起来便构成了人类的文化血脉。保护它们，就是保护人类自己；善待它们，就是善待人类的文化与精神。一直以来，有识之士积极呼吁保护历史遗产。他们的呼声得到了回应，其中联合国教科文组织更是积极地参与到保护行动中。

联合国教科文组织发起的"努比亚行动"计划，为保护文化遗产提供了良好的契机。"努比亚行动"是保护古埃及尼罗河畔阿布辛贝神庙的工程。1960 年埃及政府在尼罗河上修筑了一座阿斯旺大坝，用来进行水力发电。大坝的修建，抬高了尼罗河上游的水位，形成一个长550 千米、宽 35 千米的巨大湖泊——纳赛尔湖。根据计算，位于大坝

南方 230 千米的阿布辛贝神庙将被淹没，永远浸泡在纳赛尔湖水中。到那时，矗立在尼罗河畔 3000 多年的神庙，将消失在世人的视野中。

此事引起了国际社会的广泛关注，主要原因在于，阿布辛贝神庙并不是普通的神庙，它有着极为重要的历史和艺术价值。这座威严的神庙是法老拉美西斯二世为自己修建的，象征他拥有神一样的权力。了解古代埃及史的人都知道，拉美西斯二世在古埃及的地位极高，相当于中国古代的"秦皇汉武""唐宗宋祖"，他所拥有的财力也是相当惊人的。在神庙建造过程中，古埃及人倾尽智慧，充分运用天文学、星相学和地理学知识，设计了一道神奇的景观：每年 2 月 21 日拉美西斯二世生日和奠基日的时候，清晨的太阳光线都能从神庙的大门射入，穿过 60 米深的庙廊，照射到神庙尽头的拉美西斯二世巨型塑像身上，显示他的统治受到了太阳神的恩赐和保佑。这两天也因此被当时的古埃及人称为"太阳节"。

▲埃及阿布辛贝神庙

　　为了保住这处古迹，联合国教科文组织一方面联络专家，另一方面筹集资金。经过几年的准备，终于在1964—1968年对阿布辛贝神庙进行了"安全转移"，具体方法是：施工队经过缜密计算，将神庙切割成一块一块的石头，并且对每块石头进行了拍照和编号。随后，他们在纳赛尔湖水淹不到的地区重建了神庙。令人惋惜的是，纵然施工队使用了当时最先进的技术，依然在测算方面出现了偏差，导致"太阳节"挪后了一天。

　　正是在"努比亚行动"的启发下，联合国教科文组织在1972年10月17日至11月21日于巴黎召开了第17届会议，在会议上通过了《保护世界文化和自然遗产公约》。该公约要求建立世界遗产委员会，制定《世界遗产名录》，将所有代表人类文明精华和自然发展状况的文物古迹、建筑群、历史遗址、地球演化范例、珍稀动植物栖息地、绝妙自然现象等都充分保护起来。能够进入《世界遗产名录》的景观，便被称为世界文化遗产、世界自然遗产或世界文化与自然双遗产。

　　世界遗产委员会在1978年遴选了12项世界遗产，载入《世界遗产名录》。它们分别是加拿大的"拉安斯欧克斯梅多国家历史遗址"和"纳汉尼国家公园"、厄瓜多尔的"加拉帕戈斯群岛"和"基多旧城"、埃塞俄比亚的"塞米恩国家公园"和"拉利贝拉岩洞教堂"、德国的"亚琛大教堂"、波兰的"克拉科夫历史中心"和"维耶利奇卡和博赫尼亚盐矿"、塞内加尔的"戈雷岛"、美国的"梅萨维德印第安遗址"和"黄石国家公园"。这些遗产或是重要历史事件的见证，或是气势恢宏的建筑物，或凝结着人类智慧与创造力，或展现物种的多样性，

▲故宫，中国第一批世界文化遗产

以及大自然的鬼斧神工。

截止到 2021 年 8 月，全世界的世界文化遗产项目共有 1154 个。其中，世界文化遗产 897 个、自然遗产 218 个、文化与自然双遗产 39 个。它们分布在 167 个国家和地区，是各国家各民族优秀文化的大熔炉、大荟萃。同时，它们又属于全人类，涵盖了人类社会发展的方方面面，是人类文明的结晶。其中，有特别古老的南非类人猿化石遗址，也有特别年轻的悉尼歌剧院；有规模极其宏伟的明清故宫，也有极为简陋的阿波美王宫；有尚未完工的巴塞罗那圣家族大教堂，也有给后人警示作用的奥斯维辛集中营；有古老而又神秘的玛雅古迹遗址，也有近代刚刚完工的巴西利亚城；有伦敦塔这样的传统石头建筑，也有

▲长城

埃菲尔铁塔等现代化钢铁地标。这 1100 多项文化遗产，足够让你目睹历经漫长岁月的文化瑰宝。

令我们骄傲的是，中国在开发和保护世界遗产方面走在了世界的前列。截至 2021 年 7 月 25 日，中国一共有 56 项世界文化和自然遗产，充分体现出我国文化的博大精深。

打破教条和规矩

  巴勃罗·毕加索1881年10月25日出生于西班牙的马拉加。他的父亲是一名小有名气的美术老师，还兼任马拉加市立博物馆馆长。受父亲影响，毕加索从小就表现出非凡的绘画天赋，8岁时正式接受油画训练，并绘制了自己的第一幅作品《斗牛士》。

  1891年，毕加索全家跟随父亲前往拉科鲁尼亚。10岁的毕加索进入达古阿达工艺学校学习。在那里，毕加索接受了正规的美术教育，但毕加索感到自己的创造力受到严重压抑，他很讨厌这样的学习。但不得不说，这段经历使毕加索打下了良好的美术功底，帮他了解到美术中的"规矩"。

  1895年，毕加索又跟随父亲来到巴塞罗那。

  在巴塞罗那，毕加索加入"四猫俱乐部"，结识了一些作家、画家和记者朋友。他们在俱乐部中"指点江山，激扬文字"，批判日益衰落的西班牙国力，谴责旧制度的腐败，痛斥资本家的贪婪。这段经历使毕加索成为一个关注政治的人，后来他的《格尔尼卡》就体现出他关注国家命运、关心民众疾苦的一面。1900年，法国首都巴黎举办了第11届世界万国博览会。"四猫俱乐部"的成员打算去巴黎开开眼界，毕加索早已对这座世界艺术之都充满向往，他非常开心地跟随俱乐部

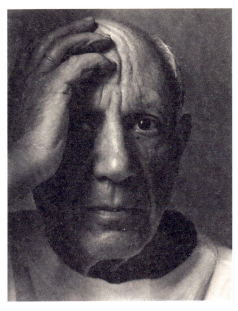

▲毕加索

成员一起踏上了旅程。

　　一到巴黎，毕加索就嗅到了不一样的艺术气息。巴黎是印象画派的大本营，也是各类"新艺术"的摇篮地，这里对各种风格的绘画都充满了包容和欣赏。

　　年轻的毕加索开始在巴黎进行创作。但这时好友卡沙格马斯自杀身亡，带给毕加索无尽的悲伤，再加上缺少收入，毕加索这段时间无比压抑。糟糕的心情反映到绘画作品中，1900—1904年毕加索创作的绘画都是蓝色的，这段时间也被称为毕加索的"蓝色时期"，代表性的作品有《熨烫衣服的女人》《一个盲人的早餐》《悲剧》等。蓝色并没有为毕加索带来好运，因为它总是让人联想到忧郁和黯淡。纵使

▲ [西班牙] 毕加索《熨烫衣服的女人》

毕加索加倍努力，画了一屋子的作品，却很少有人愿意掏钱购买。

1904 年，穷困的毕加索认识了本地姑娘奥莉维叶，他的生活才有了起色。毕加索的生活不再那么单调，奥莉维叶成为他的模特，生活也从阴暗忧愁转为幸福与欢乐。这种情绪充斥在他的作品中，蓝色消退，柔和的粉红色成为主要的色调。毕加索的艺术进入了"玫瑰色时期"，著名的作品包括《扇子女人》《拿着烟斗的男孩》《马背上的小丑》等。

毕加索最崇拜的画家是保罗·塞尚。毕加索初到巴黎时，塞尚是当时法国画坛的领军人物，也是印象派的代表性人物。毕加索经常驻足在塞尚的画前，汲取创作的灵感。后来，毕加索沿着塞尚的思路进行着艺术创作。他在 1906—1909 年进入了"黑人时期"，代表作有《土耳其装束的夫人》和《斯坦因画像》等。

此外，非洲雕塑也对毕加索的艺术转型起到重要启迪作用。一个偶然的机会，毕加索得到了一个非洲雕像，他立刻被雕像简洁流畅的线条所震撼。毕加索为了深入了解非洲雕塑，几乎走遍了巴黎所有的古董店和博物馆，终于在一个冷清的博物馆里找到了他想要的雕塑作品。毕加索端详着，欣赏着，一种新的艺术形式涌上他的心头——立体主义。

1907 年春天，毕加索开始创作著名的《亚威农少女》。这幅看似随意涂鸦的作品，实际上倾注了毕加索大量的心血。他花费了 4 个月时间才完成创作，先后绘制了 17 张草图，进行过无数次修改，才将这"旷世奇作"展示在人们眼前。画中，五位少女体态极为扭曲，面容

▲ [西班牙] 毕加索《拿着烟斗的男孩》

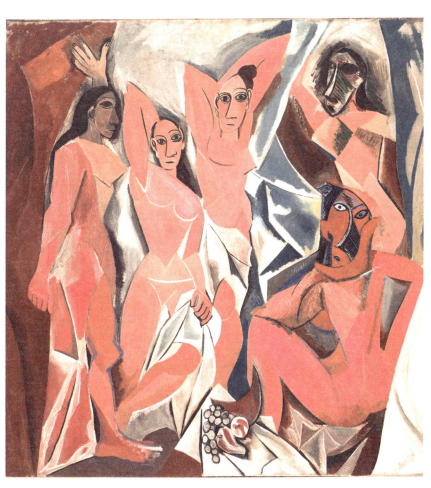

▲ [西班牙] 毕加索《亚威农少女》

恐怖狰狞，表现出明显的非洲雕塑艺术的特点。

《亚威农少女》就像一颗炸弹一样在巴黎画坛爆炸。

《亚威农少女》标志着毕加索的艺术创作朝着现代派方向发展。他不再把重点放在色彩上，而是放在形体上。他完全抛弃了对人体的真实描写，通过把形体层层分解、随心所欲地重新组合，追求画面的立体感。

毕加索并非"不食人间烟火"的艺术家，他关心现实问题，愿意用作品去表达自己的政治主张。1937年4月26日，纳粹德国袭击了西班牙城市格尔尼卡，炸死了数千人，毁坏了大量建筑物。毕加索愤怒极了，义愤填膺地创作了名画《格尔尼卡》。在这幅画中到处都是扭曲的面孔、畸形的躯体，反映出战争的残酷，也痛斥了纳粹的暴行。曾经一个纳粹军官拿着一张印有《格尔尼卡》的明信片问："这是你的作品吗？"毕加索回击道："不，这是你们的作品。"

1940年纳粹德国占领巴黎后，毕加索不断受到骚扰，但他仍然坚

▲ [西班牙] 毕加索《格尔尼卡》

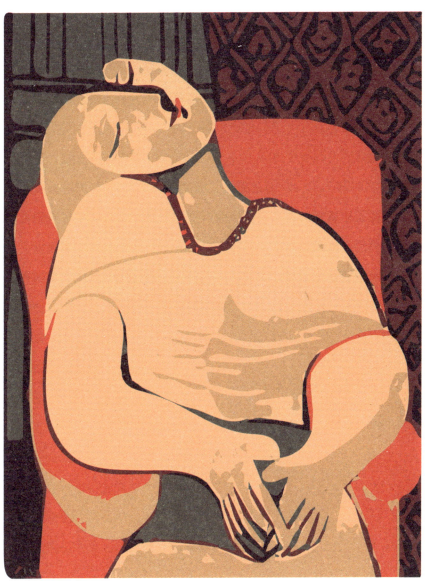

▲ [西班牙] 毕加索《梦》

持进行创作。二战中的遭遇让毕加索更加热爱和平，二战后他开始参加许多维护和平的活动。1944年10月，毕加索加入法国共产党，他说他要"用线条和颜色作为武器，洞悉世界和人类，得到进一步的解放"。他绘制了很多反思战争的油画，比如《藏骸所》。他多次参加世界和平大会，并为大会设计了宣传画《和平鸽》。

毕加索人生的最后20年中，依然保持着饱满的创作热情，甚至在90岁左右时迎来了一个创造高峰。1971年，毕加索90岁时，法国卢浮宫收藏了毕加索的作品。他成为有史以来第一个活着亲眼看到自己作品被卢浮宫收藏的画家。1973年4月8日，毕加索在法国去世。由于他生前没有留下遗嘱，因此法国政府用他的作品以及他收藏的作品冲抵了遗产税，并建立了一座毕加索博物馆。

贫困中放飞自我

二战结束之后，美国经济经历了一段快速发展的时期。然而，在20世纪60—70年代，美国经济出现了停滞，社会问题不断增多，贫富差距问题变得越来越严重。富人们高高在上，肆意挥霍金钱；贫困的人们处在社会的底层，生活十分困难，甚至缺衣少食。特别是那些生活在贫民区的有色人种，他们既没有机会得到良好的教育，也没有稳定的收入，还遭受着白人的种族歧视，处在社会的边缘。在严酷的社会环境下，不少有色族裔年轻人走上了违法犯罪的道路，也有不少人站了出来，他们用艺术或体育的方式表达对美国社会的不满，向社会宣泄自己对贫富差距的反抗。他们没有机会在富丽堂皇的艺术厅和规模宏大的体育馆中进行表演，便在贫民窟中展示自己的才华。就是在这种背景下，街头文化开始在美国社会的底层兴起。

街头文化的形式多种多样，比较常见的有涂鸦、街头体育、街舞、说唱音乐等。它们一般都吸收了外来文化，特点鲜明，形象和造型夸张，容易被接受和学习，展现出不同于以往艺术风格的特点，很快受到了人们的追捧，成为一种新潮的艺术。

涂鸦最初是指乱涂乱画，起源于美国纽约的布朗克斯区。布朗克斯区是纽约的贫民区，那里住着许许多多贫困潦倒的拉丁美洲和非洲

裔人。美国政府也毫不关心这里的生活设施，仅仅修建了一些非常简陋的贫民公寓。走在布朗克斯区的街道上，到处都破破烂烂，杂草丛生，如果夜晚独自在街头行走，会感觉到一丝丝的阴森恐怖。20世纪60年代后期，布朗克斯区的人们为了表达对美国政府的不满，开始在破烂不堪的墙上写标语、画图案。由于他们的绘画技能不好，因而被报纸嘲笑为涂鸦，说他们的画难看得像是原始人的作品。这时，美国政府跳了出来，公开禁止进行涂鸦。但涂鸦已经引发了越来越多人的关注，甚至很多画家也参与进来。他们在墙壁上画上了漂亮的卡通人物，让原本破烂的墙壁变得五颜六色、鲜活动人。到了20世纪80年代，涂鸦已经成为合法的行为，甚至在许多著名的画廊中还举行了涂鸦艺术展。

▲滑板与涂鸦

街头体育包括街头篮球、特技单车、滑板、轮滑、街头足球等。其中，街头篮球的影响力较大。街头篮球起源于20世纪60—70年代的纽约贫民区，非洲裔的黑人少年们最早开始进行这项运动，因此街头篮球也被称为"黑人篮球"。那个时候，贫民区没有什么娱乐项目，为了打发时间，黑人少年们在大街上随意竖起篮球架，拉上几个好朋友相互比拼和较量，他们最喜欢一对一的"斗牛"。在简陋的篮球场上，抛开烦琐的规矩，寻找无限的乐趣。家长看到孩子们在球场上挥汗如雨、顽强不屈、永不服输，心里也乐开了花，十分支持他们。就这样，街头篮球开始快速发展起来，传遍了美国甚至是世界各地。后来，街头篮球走向了职业化道路，形成了专业的体育协会和篮球联盟，还组织各种联赛。与传统篮球不同，街头篮球运动员特别喜欢炫耀自己的技术，他们的过人、配合、投球和扣篮动作都非常潇洒花哨，让场边的观众大呼过瘾。他们还经常在球场上用高超的技艺戏耍对手，让观众捧腹大笑。看完一场街头篮球比赛，你会深刻地感觉到街头体育既有观赏性又有娱乐性，它们不仅是一项体育运动，更是一种体现力量和技术的艺术。

街舞同样起源于20世纪60—70年代的纽约贫民区，经过30多年的发展，直到20世纪90年代才发展成我们现在看到的街舞。最初，黑人年轻人喜欢在街头进行表演。他们有的说唱，有的跳舞，其中跳舞的人为了配合说唱歌手的节奏，往往做出幅度很大的动作，这种新颖的舞蹈也被人们称为"霹雳舞"，这就是早期的街舞。后来，许多新的动作融入街舞之中，比如滑步、锁舞、机器舞、地板舞等，节奏

感更强，但动作幅度也变得小了许多，这种经过发展的风格被称为"新派街舞"，而之前的霹雳舞被称为"复古街舞"。街舞艺术特别草根，他们一般在街头巷尾、广场上表演，跳舞时穿的衣服也十分随意，一般都是那种特别宽松休闲的运动裤、牛仔裤、T恤、卫衣，头上戴着棒球帽或者包头巾，脚上穿着滑板鞋或者篮球鞋，给人一种松松垮垮的感觉。有时，不同的街舞队伍还会进行斗舞，比拼谁的动作难度更大、音乐感更好。由于街舞动作新颖、充满活力，也吸引了许多歌舞明星的注意，迈克尔·杰克逊标志性的滑步动作，就是受到了街舞的启发。

说唱音乐同样起源于20世纪70年代的美国纽约贫民区。说唱音乐最初有"谈话"的意思，它起源于黑人音乐。与传统音乐以歌唱为主不同，说唱音乐往往运用音乐的节奏快速地说出一连串押韵的词句，比较随性也很有节奏感。随着DJ打碟这种独特伴奏方式的兴起，说唱音乐也在快速发展，并且演化出西部说唱、拉丁说唱、流行说唱、喜剧说唱等。不过，由于早期说唱音乐主要是抒发对美国社会问题的不满，因此歌词里有很多脏话，因而引发了社会的不满。随着20世纪90年代说唱音乐融入主流音乐中，许多流行歌手会在音乐中加入说唱片段，推动说唱音乐走向大众。

街头文化产生后，很快在欧美国家流行，随后传播到日本和韩国等地区。20世纪90年代，随着我国改革开放的步伐逐步传入国内。目前，街头文化在我国民间有很高的普及程度，特别是街头体育类项目，成为很多人喜爱的健身项目。街头篮球和街头足球也都已经成为正规的比赛项目，甚至滑板等项目还成为奥运会正式比赛项目。

　　通过上面几种代表性的街头文化发展历史，我们可以看出，街头文化一直在追求酷和潮。这些推崇者将自己装扮成新时尚，试图融入黑人文化因素，创造一种不同于以往的表演，来区别于白人社会的主流艺术。但在酷和潮的背后，却透露出美国社会赤裸裸的种族歧视、贫富分化、犯罪率飙升、失业率高起等残酷的社会现实，满含心酸的泪水。在这种历史背景下，街头文化在产生的初期，总是愤世嫉俗，甚至脏话连篇，表现出对现实的各种不满，内容非常消极。这是弱势人群在无助之中对抗西方病态社会的方法，他们要用街头艺术捍卫自己的尊严，表达和发泄自己对现实社会的不满，同时宣扬自身存在的暴力性和危害性，试图引起社会对他们的关注。因此，很多街头文化都会引发主流社会的排斥，被认为浮夸、不务正业。不过，随着街头文化自身的不断发展以及主流艺术对它们的吸收和改造，或许将来街头文化也会成为一种充满正能量的艺术形式。

图书在版编目（CIP）数据

写给孩子的简明世界史·当代史 / 鞠长猛主编；鞠长猛，曹培华著.
-- 太原：山西人民出版社，2023.2
ISBN 978-7-203-12395-8

Ⅰ．①写… Ⅱ．①鞠… ②曹… Ⅲ．①世界史—现代史—少儿读物
Ⅳ．① K109

中国版本图书馆 CIP 数据核字 (2022) 第 175947 号

当代史
DANGDAISHI

主　　编：鞠长猛
著　　者：鞠长猛　曹培华
责任编辑：孙宇欣
复　　审：李　鑫
终　　审：贺　权
装帧设计：吕宜昌

出 版 者：山西出版传媒集团·山西人民出版社
地　　址：太原市建设南路 21 号
邮　　编：030012
发行营销：0351-4922220　4955996　4956039　4922127（传真）
天猫官网：https://sxrmcbs.tmall.com　电话：0351-4922159
E-mail：sxskcb@163.com　发行部
　　　　　sxskcb@126.com　总编室
网　　址：www.sxskcb.com

经 销 者：山西出版传媒集团·山西人民出版社
承 印 厂：北京永诚印刷有限公司

开　　本：710mm×1000mm　1/16
印　　张：8
字　　数：84 千字
版　　次：2023 年 2 月　第 1 版
印　　次：2023 年 2 月　第 1 次印刷
书　　号：ISBN 978-7-203-12395-8
定　　价：45.00 元

如有印装质量问题请与本社联系调换